비가 와도 좋았어

비·가·와·도·좋·았·어

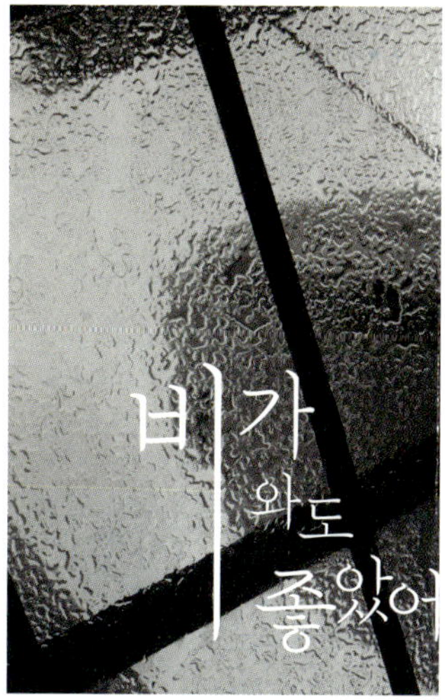

비가 와도 좋았어

김나현 여행 산문집

수필과비평사

짧으나마 여행한 시간이 있어
추레한 삶이 견딜 만했다.
진실로 그러했다.

CONTENTS

열며

여름 두고 온 시간

겨울 설국에서 띄우는 편지

가을 여기만 아니면 돼

봄 비가 와도 좋았어

참된 발견은 새로운 땅을 발견하는 것이 아니라
새로운 눈으로 보는 것이다.
이 말에 공감하며 여행 산문집을 펴낸다.

사진을 곁들인 책을 내고 싶었다.
두 번째 수필집『화색이 돌다』에 일부 사진을 첨부한 이후
바라던 바를 이룬다.

여행한 후 만든 포토북은 자산의 큰 비중을 차지한다.
여행하며 만난 한순간 한 장면을 사진으로 다시 만나며
많은 사진 중에서 몇 장을 고르는 작업마저 행복했다.

세계가, 전염병이라는 공통의 살얼음을 딛고 선 이즈음
장차 여행이란 배부른 꿈으로 그칠지도 모르는 일.
하여 흔적을 들추는 작업이 즐겁고 또 귀하다.

봄의 짧은 황홀이 있어 추레한 인생을 견딘다는
손철주 작가의 말처럼, 짧으나마 여행한 시간이 있어
추레한 삶이 견딜 만했다.
진실로 그러했다.

1234-
1984
750 JAHRE WIENER HAFNER

UCKS COFFEE

사진은 시간 속에서 멈춰 있지만,
실제 그곳에 머무는 시간은 늘 움직이는 진행형이다.

여행에서 돌아오니 사람이 남았다.

여름

자기 인식이란 반드시 여행의 종착역에 있는 것이 아니다. 사실은
그 자기 인식이 이루어지고 나면 여행은 완성되는 것이다.
— 장 그르니에 『섬』에서

두고 온 시간 - 무섬

지하철에 앉아 앞에서 통화하는 여자의 소리를 듣는다.

찾아올 수 있겠냐고, 전화기 너머에서 물었겠지.

찾아가겠습니다.
발끝이 기억해 찾아갈 수 있을 겁니다.

여자가 또렷하게 답한다. 그 말에 흘낏, 여자를 올려다보았다. 발끝이 찾아갈 거라고 말하는 여자의 얼굴이 궁금해서. 오래전 가 본 길을 발끝이 기억해서 따라가겠다는 말. 아무나 쉽게 하지 못하는 '발끝'이란 말에 밑줄을 죽 긋는다. 내 발끝이 기억하는 어딘가는 어디일까를 생각하며.

집으로 오는 골목 어느 집 화단에서 연보랏빛 소국 한 줄기 슬쩍 꺾어와 화병에 꽂았다. 못 본 새 꽃대가 풀썩 꺾여, 연락하마고 밑도 끝도 없이 기다리라던 다짐처럼 시들고.

무섬마을 앞 내성천 모래밭에 남긴 발자국은 화석이 되었을지. 두고 온 시간을 찾아 어느 날 발끝을 따라가 볼 일이다.

건초더미 덤블링트리처럼 -
모하비사막

한여름을 숨만 살아있는 솥발내기로 보냈다. 찜통더위는 피할 수 없는 철벽을 만들고 그 안에 나를 가두었다. 낮에는 땀을 줄줄 흘렸다. 밤엔 죽은 듯 널브러졌다가 새날이 밝으면 벌레처럼 꿈틀대며 고개를 치켜들었다. 거기에 두통과 어깨 통증에 불면까지 겹쳐 나라는 생명체가 휘청거렸다.

건강할 때 갔다 온 캘리포니아 모하비사막이 환영처럼 어른거렸다. 라스베이거스의 휘황한 불빛이나 그랜드캐니언의 장엄함도 아니었다. 푸른 바다를 가로지른 샌프란시스코의 금문교도, 태평양을 낀 아름다운 해안도 아니고 온종일 달린 모하비사막 길이 줄곧 떠올랐다. 해발 천 미터, 차로 몇 시간을 달려도 끝나지 않을 듯 펼쳐지던 황량한 땅, 물기라고는 없이 바짝 마른 대지에 내리쬐던 고도로 뜨거운 볕과 투명한 햇살, 벌레를 미라로 만들 만한 건조한 날씨….

문명이 방치한 것으로 보이는 그곳에도 생명체는 있었다. 눈길을 뗄 수 없었던 건 죽은 듯 살아 메마른 땅을 잠식한 덤블링트리였다. 언뜻 보아 가시덤불 같기도 한 이 나무는 살아가는 방식이 유목민을 닮았다. 뿌리 내리지 못하면 바람 따라 뒹굴며 새 터전을 찾는다. 물기가 있는 적당한 장소를 만나면 뿌리를 내리는 식물. 그 여름에 동시다발한 질병으로 고통받을 때 이 나무가 떠오른 건, 나무의 생존방식이 동병상련 애틋함 때문이었을까.

수분과 영양 결핍은 메스꺼운 증세로 호소했다. 뒤척이는 밤이 이어졌다. 생물에게 고역의 땅인 사막은 그 지역이 따로 있는 게 아니었다. 어느 때부터 그 길에 들어서서 터벅터벅 걷고 있는 내가 보였

Barstow Dagget
Airport

다. 이렇게 막막한 여정이 될 거라고 짐작하지 못한 처절하도록 고독한 여름이었다.

사막을 생각하면 『어린 왕자』가 먼저 떠오른다. 이어 모래바람이 불고 풀 한 포기 자라지 않는 메마른 땅이 연상된다. 그러나 막상 가서 본 모하비사막은 막연히 생각했던 모래땅이 아니라 아주 건조한 황무지였다. 퍼석한 대지에 건초더미 같기도 하고 덤불 같기도 한 나지막한 나무가 땅을 덮다시피 널려있었다. 한 포기를 가져와 화분에 심고 싶었다. 그 꿋꿋한 식물을 보며 사막의 바람과 별을 기억하고 싶었다.

로스앤젤레스에서 바스토로 가는 길은 막힌 산도 없이 뻥 뚫렸다. 대지라는 말이 어울리는 광활한 땅이 버스 앞 차창으로 달려들었다. 막힘없이 몇 시간을 달린, 사막 위의 도시 라스베이거스로 가는 길 주변도 황무지였다. 머릿속으로 그리던 사막처럼 모래만 있는 게 아니라 온통 메말라 거친 땅이었다. 기력이라곤 다 빠져나간 껍데기 같은 몸으로 여름을 버틸 동안 그 고속도로를 통쾌하게 달리는 꿈을 꾸었다.

복용과 물리치료를 병행하며 가을을 맞았다. 활동하는 낮에는 좀 견딜 만하다가도 날이 저물면 머리가 묵직해 왔다. 이 밤을 또 어찌 버틸까 하고 두려웠다. 잠시 집 앞에 나갔다 오려한 외출이 여의찮게 긴 여행이 되어버린 격이었다. 어깨 치료를 하는 의사는 스트레스성이라고 하고, 동네 내과병원 의사는 갱년기 증상이라고 했다. 어쨌든 어린 왕자처럼 누군가와 함께 앓을 수 없는 고독에 길들어야

했다.

왜 꼭 처해보고서야 남의 사정도 헤아리게 되는 건지. 고통받기 전에는 다른 이의 아픔도 어쩌면 건성으로 대했을지도 모를 일, 한 치 앞도 모르는 사람 마음이 얼마나 자기중심적인지.

여행한 추억이 단비처럼 기운을 붇들어 주었다. 백여 개의 짐칸을 달고 긴 짐승처럼 대지를 가로지르던 화물 기차, 산 정상에서 위풍당당하게 돌아가던 풍차며, 산뜻한 원색에 세련된 차체를 저마다 뽐내며 달리던 대형 운송 트럭들, 요세미티국립공원의 어마어마하게 높은 바위산과 그 꼭대기에서 쏟아지던 폭포…. 규모에서부터 놀라웠던 풍광들이 아스라이 그리웠던 건 여행할 때의 건강이 간절했기 때문이리.

아등바등 건너온 그 여름은 나만의 사막으로 기억될 것이다. 고독할 때 위안이 되어준 덤블링트리를 가까이서 보고 싶다. 대형버스 앞자리에서 파노라마처럼 달려드는 사막의 길을 달리고 싶다.

아무르강에 타는 노을 –
하바롭스크

피에트라 강가 둑에 앉아 이 글을 쓰고 있다. 손은 꽁꽁 얼었고, 다리엔 쥐가 났다. 매순간, 쓰기를 그만두고 싶은 충동을 느낀다.*

아무르강을 잠식하는 석양 속에 서 있다. 햇살은 힘을 잃고 태양의 마지막 기운이 강 저 끝에서 타오른다. 하바롭스크를 끼고 흐르는 강도 불그죽죽 물들고 있다. 종일 들고 다닌 카메라 무게로 어깻죽지가 뻐근하지만 언제 또 볼지 모를 아무르강에 앵글을 잡는다.

여행 오기 전 읽었던 파울로 코엘료의『피에트라 강가에서 나는 울었네』속 필라가 떠오르는 시간이다. 오랫동안 강물을 바라보며 눈물이 나오지 않을 때까지 목놓아 울었다는 필라. 누구라도 이런 휘황한 일몰 앞에서는 주저앉고 싶지 않으리.

동토의 땅이라 불렸던 나라도 일몰은 장엄했다. 노을과 구름이 펼치는 일필휘지를 놓칠세라 카메라를 들고 서두르다 강이 저만치 아래로 보이는 전망대 쇠 구조물에 발이 걸렸다. 카메라가 부서질까만 신경 썼다. 뒤를 보지 못하고 돌아선 탓이었다. 이 난리통에 전망대에 있던 관광객이 단말마의 비명을 냈다. 괜찮은 척했으나 괜찮지 않았다. 오금에 금세 시퍼런 피멍이 들었다. 그런 중에도 노을은 펄펄 타고. 고통에 타는 노을까지 합세해 제정신이 아니었다.

눈, 자작나무, 닥터 지바고 같은 단어가 떠오르는 땅. 여행자들이 아무르강을 보러 온다는 하바엔 우수리스크에서 시베리아 횡단열차로 열두 시간 걸려 왔다. 몸을 돌아눕기에도 비좁은 덜컹대는 침대에서 잔 듯 만 듯 밤 내내 흔들렸다. 새벽 네다섯 시쯤, 창밖이 희붐해오자 안개가 뽀얗게 뒤덮은 들판이 창밖으로 광활하게 펼쳐졌다. 뽀얀 목피의 자작나무가 희끗희끗 지나쳐 갔다.

하바롭스크는 묵직하게 다가오는 블라디보스토크나, 자못 경건해

지는 항일독립운동 지역인 우수리스크 분위기와 달리 온화한 느낌이다. 극동의 대도시인데도 번잡하지 않고 반 유럽풍 도시 경관은 아름답다. 하늘은 투명하고 새파랗다. 녹음 속으로 솟은 초록, 파랑, 금색, 붉은색 건물 지붕과 뾰족한 첨탑, 아치형 지붕의 정교회 건물이 이곳을 상징한다. 러시아라는 나라에 가졌던 굳은 인식을 부드럽게 바꾼 정교회 건물이다.

이 아무르강도 역사의 회오리를 비껴가지 못했다. 러시아혁명 시기에 많은 사람이 처형당했고 그들을 이 강에 던졌다고 전한다. 김 알렉산드라가 한인사회당 창립자로 항일운동을 하다 수백 명 동지와 함께 학살당한 곳이기도 하다. 이곳엔 일제압박을 피해 이주해 온 조선인 후손이 다수 살고 있다. 3, 4세로 이어진 이들은 부모의 조국을 그리워하며 소수민족으로 살아가고 있다.

강변공원 성모승천성당 앞 긴 계단을 따라 내려가면 아무르강에 다다른다. 계단 아래쪽에서 보면 교회 지붕이 마치 하늘에 떠 있는 듯 보여 이 계단을 천국의 계단이라고 부른다. 계단 아래에서 올려다보니 저녁 무렵 성당 청색 지붕이 석양빛을 받아 시리도록 푸르다. 이 계단을 목줄 풀린 강아지처럼 오르내렸다. 다친 다리는 욱신욱신 아프고 날은 어둑해졌다. 덩그러니 홀로 남자 무서움에 울음이 덜컥 터지기 직전이다. 기껏 3분여 거리에 있는 숙소로 가는 길을 찾지 못해 머릿속이 하얘진 탓이다.

하나라도 놓칠까 동동대던 그 강변, 바람의 감촉, 강을 따라 길게 이어진 저물녘 도시의 실루엣, 솜뭉치 같은 뭉게구름이 녹색 초원 위로 하얗게 뜬 비행기 창 밖 풍광이 눈에 선연하다.

바람에 씻긴 환한 얼굴로 여행에서 돌아왔다. 다친 부위 엑스레이를 찍고 깁스도 했다. 오금에 고인 시퍼런 멍은 침으로 뽑아냈다. 이렇게 여행은 여행이 끝나고도 일상으로 이어진다. 매순간 쓰기를 그만두고 싶은 충동을 느낀다는 필라를 떠올리며 가슴을 발갛게 물들인 그곳 석양이 다 사위기 전에 이 글을 쓰고 있다.

* 파울로 코엘료 소설 『피에트라 강가에서 나는 울었네』 중에서

팸투어 1

푸른 사색四色에 빠지다 - 푸껫

유월 초 푸껫은 덥다. 녹음이 최절정이다. 30도를 웃도는 날씨에 날마다 소나기가 훑고 지나 대지와 기온을 식혀준다. 푸껫에서 체험한 집라인, 보트투어, 마사지, 먹은 음식에 대한 에피소드가 유쾌하다. 타이항공과 태국관광청 초청으로 관광과 숙박을 제공받아 한 팸투어는 여행작가와 객원기자 자격으로 했던 흔치 않은 경험이었다.

色 1. 푸껫 밀림 최고의 레포츠 집라인

푸껫 외곽 자연림 하누만월드엔 풀냄새가 짙다. 집라인 할 장소다. 아름드리로 치솟은 나무에 플랫폼을 만들고 플랫폼과 플랫폼 사이를 연결하는 줄을 타고 이동하기, 자일 타고 수직으로 내려가기, 공중에 연결된 다리를 지나며 자연을 즐기는 레포츠 집라인.

밀림 속을 날 때 쾌감은 최고조에 이른다. 목청이 저절로 터져 몸

을 와이어에 매달고 고공의 계곡을 건널 때는 비명으로 목이 칼칼할 지경이다.

양쪽 플랫폼 사이를 연결한 와이어 길이는 몇십 미터에서 이백여 미터까지 다양하다. 점심이 포함된 세 시간짜리 코스로 평행이동, 수직 강하, 슈퍼맨 자세까지 포함한다. 슈퍼맨 자세는 안전 고리를 등에다 걸고 엎드린 자세를 취하면 안전요원이 뒤에서 잡고 함께 이동한다. 앞에서 보면 큰 독수리가 날아오는 모양새로 플랫폼 사이를 날 때 두 팔을 날갯짓하며 최고의 전율을 맛본다.

목청껏 소리 지르고 나면 얼마나 개운한지. 헬멧을 벗고 땀 식히며 숲속에서 먹는 음식 맛은 달게 느껴진다. 여행 3일 차에는 타이 음식을 주식인 듯 즐긴다.

이곳에서 본 'red claw'라는 빨간 꽃이 유독 기억에 남는다. 극락조화와 꼭 닮았다. 매연도 공해도 없는 청정한 밀림, 그곳이 극락이지 뭔가.

色 2. 우아하게 놀면 되는 보트투어

푸껫에서는 보트투어가 빠질 수 없다. 푸껫 마리나에 도착하니 수십 척의 보트가 돛을 세우고 정박해 있다. 보트에 해가 쨍쨍한 오후 한 시에 승선해 일몰이 내린 오후 일곱 시에 하선했다.

신발을 벗어놓고 오른 보트는 깔끔한 외관처럼 내부와 화장실도 깨끗해 마음이 놓인다. 요즘 같은 코로나 시국엔 엄두도 내지 못할 경험이다. 특히, 항해하는 내내 흥겨운 음악을 틀어준 DJ의 존재감은 컸다. 보트의 분위기를 책임졌으므로. 클럽풍 음악으로 보트에 흥을 돋운 까만 피부의 이 남자 매력 있다. 고개 까딱이고 리듬 타며 그와 눈웃음을 나눈다.

보트에서 구명보트로 갈아타고 이동한 작은 섬 랑야이는 조성한 섬처럼 한눈에 다 드는 섬이다. 문명이 닿지 않은 듯 해말간데 코코넛나무, 소나무, 설탕 입자 같은 보드라운 모래가 펼쳐진 해변이 전부이다. 해안 따라 놓인 의자엔 비키니 차림의 휴양객이 일광욕 중이다. 이 해안을 맨발로 걸었다. 속박에서 벗어난 발에 한 최고의 선물이 아니었나 싶다.

푸껫으로 돌아오는 보트에서도 무위의 시간을 한껏 누리면 된다. 갑판에 펴놓은 큰 공기쿠션에서 다른 여행객에 섞여 뒹굴다 음료며 핑거 푸드, 잔에 소금 바른 럼주도 마신다. 지루하다 싶으면 갑판에 올라가 바람을 쐰다. 바다 위에서 한나절을 보내고 해안으로 돌아가는 시간, 먼 바다 끝에 해가 걸렸다. 다국적 사람들은 약속처럼 그곳을 향하고 있다. 노을을 바라보는 얼굴마다 발그레 노을이 물들었다.

푸껫에서는 보트투어를 할 것.

섬 속의 섬에 내려 발가락 간지러운 모래사장을 걸어볼 것.

色 3. 타이마사지의 진수

더운 나라에는 마사지가 왜 성업하는지 모르겠지만, 머무는 동안 각기 다른 마사지를 여러 번 받았다. 발 마사지는 잠깐 짬이 날 때 하기에 알맞다. 체인점인 킴스마사지는 혹 성이 김 씨인 한국 사람이 하는 곳인가 했다. 한 시간 마사지에 10달러이고 팁으로 40밧을 건넸다. 팁 문화가 있어 미리 챙겨야 한다. 발 마사지는 잠깐 졸고 나니 끝났다.

정통 타이식이라는 전신마사지는 머리만 뺀 전신 마사지다. 커튼을 치고 남자와 여자가 같은 방에서 받는데 1시간 30분 걸렸다. 나를 담당한 종업원은 손힘이 약해 시원한 감이 덜했다. 어떤 사람은 만족스러움에 팁을 후하게 줬다는 후문이다.

돌아오는 날 받은 오일마사지는 고급에 속했다. 아늑한 고급 휴양 시설풍 '오아시스스파'엔 유니폼을 차려입은 아가씨들이 나긋나긋 안내한다. 시원한 차를 마시며 원하는 마사지 강도를 설문지에 적는다. 나라별 언어로 준비돼 있다. 두 시간 몸을 맡겼는데 만족감으로 충만하다. 적잖은 비용이지만 그곳에 가면 그곳의 진수를 경험해 보는 것도 괜찮다는 생각이다.

마지막 마사지는 방콕공항에서다. 푸껫과 부산 간에는 직항이 없어 방콕을 경유한다. 방콕공항 타이항공 로열 실크라운지에 마사지 공간이 갖춰져 있는데 발이나 어깨 중 한 곳을 20분간 무료로 마사지 받을 수 있다. 귀국하는 길에 받는 송별 서비스다.

色 4. 자꾸 당기는 맛, 타이음식

시푸드 전문점 사보이레스토랑에서 먹은 생새우샐러드, 바짝 구운 생선구이, 파파야샐러드 쏨땀과 초록나물볶음 모닝글로리, 카레향 나는 게 요리 푸팟퐁거리, 전통 수프 똠양꿈….

퉁카카페에서 먹은 오징어튀김, 커피와 차를 섞은 환상의 혼합냉차, 수박주스, 망고주스. 태국 맥주 싱하 · 창 · 니오, 관광객보다 현지인이 더 많이 찾는 팡남레스토랑의 코코넛주스, 김치찌개와 유사한 깽솜, 센트럴백화점 MK레스토랑에서 먹은 샤부샤부.

환영 과일바구니에 든 파파야, 새끼 바나나, 녹색 귤, 울퉁불퉁 뿔난 용과. 냄새는 구리지만 속 맛은 고소한 두리안, 보트에서 마신 칵테일 sex on the beach, 소금 바른 럼주….

숙소에서 먹은 아침밥을 빼고 날마다 두 끼는 성찬이었다. 뱃살을 염려할 새도 없이 매운맛이 강렬한 타이음식에 길들었다.

식당에 가면 음식만 먹는 게 아니다. 여행자의 눈으로 주변 경관과 식당 분위기를 먼저 머릿속에 스캔한다. 사보이레스토랑에서 워터독이라는 별명의 플라워혼을 생전 처음 보았다. 퉁카카페의 사방 트인 창으로 점심을 먹는 내내 귀청을 울리던 매미 소리는 그곳 풍경 속에 저장됐다. 식사를 주문하기 전에 음료부터 주문하는 문화가 특이하다. 여덟 명이 여덟 종류의 요리와 각자 음료까지 마셨는데 12만 원 가량이다. 식당마다 음료 포함해 먹은 음식 값이 대략 10만 원 선이니 일인 당 만 원을 조금 넘는 금액이다.

푸껫여행으로 타이음식에 대한 인지도가 부쩍 높아졌다. 안내 차

동행한 관광청 직원이 살뜰히 챙겨준 덕분이다. 이 음식들은 돌아와서도 가끔 생각났는데, 그 갈증을 해소하려고 신세계백화점 센텀시티점 음식코너를 찾곤 했다.

그리고

푸껫의 많은 해안 중 빠통 해안 한 리조트에서 삼일 밤을 잤다. 코끼리 모양으로 접은 타월, 꽃이 핀 난 화분, 깨끗한 침대와 깔끔한 욕실, 아침에 테라스에 나가면 윤슬로 반짝이던 풀장, 빠통 해안을 바라보며 먹던 아침밥과 정원 풀장에서 물장구치다 웃어준 외국 아이들, 숙소를 푸르게 덮은 열대식물…. 여행한 기억 속 풍경들이다.

여행한 후면 사진을 정리하고 여행수필을 쓰는데 다 정리될 때까지 여행은 끝나지 않는다. 여행은 처진 마음에 생기를 채워주는 통로가 돼준다. 푸껫 여행 덕분에 지루한 여름이 후딱 지나간 느낌이다. 타이항공 김 이사와 팸투어로 함께한 일원과의 시간이 그곳에 남아 있다.

팸투어 2

자유여행의 성지 - 방콕

자유여행지의 메카 방콕, 6월 15일 출발을 앞두고 본 방콕 주간 날씨는 26도~31도 선이다. 날마다 소나기나 낙뢰가 표시된다. 이에 대비한다며 비옷과 우산부터 챙기며 부산을 떨었다.

막상 방콕 수완나품공항에 내렸을 때 날씨는 쨍쨍했다. 머무는 동안 소나기는 밤에만 내리는지 아침엔 낮은 지면에 물이 고여 있곤 했다. 비를 걱정한 건 기우에 불과했다.

태국 중부지방 여행은 암파와수상시장과 메콩강 보트투어, 매끌렁철길시장과 그곳을 지나는 기차, 아유타야역사공원, 예술가들의 복합문화공간인 창추이마켓으로 요약된다.

방콕 외곽에 위치한 이들 공통점은 과거가 현지 삶과 공존하며, 현재가 역사를 만들어가고 있다는 점이다. 가장 전통적인 것이 그 나라 색깔일 것이다. 상상을 앞지르는 속도로 발전을 거듭하는 현대를 사는 사람들은 이런 속도에 질려 느긋함에 대한 향수를 품는다. 여행 마니아들이 관광 위주보다 토속의 무채색을 찾는 것도 같은 맥락일 것이다.

암파와수상시장과 메콩강

수상시장은 말 그대로 물 위에서 거래가 이뤄지는 시장이다. 태국 특유의 재래시장으로 운하에 기둥을 내린 수상가옥 시장이 강을 따

라 길게 형성돼 있다. 시장 입구에 들어서면 특유의 향신료 냄새가 더운 공기에 섞여 훅 덮친다. 시장은 금 · 토 · 일요일에만 열리는데 간 날이 금요일 오후라 허탕 치지 않아 다행이었다.

방콕 차량 정체는 입이 딱 벌어질 정도다. 우리 대도시 출퇴근 시간대의 정체가 무색할 지경이다. 사방으로 뻗친 도로망에 갇힌 차량만 해도 수백 대는 되겠다. 정체 차량만 보고도 방콕 규모를 가늠할 만큼이다.

시장이 지척인 호텔에 짐을 풀고 시장으로 나갔다. 메콩강은 폭우가 내린 후처럼 황톳빛이다. 이따금 뿌리 뽑힌 수생식물이 둥둥 떠서 흐르고, 그 강 위로 손님을 태운 작은 보트가 오간다.

현지인들은 기온이 30도를 훨씬 웃도는 날씨에 선풍기도 에어컨도 없는 노천 테이블에서 예사로 음식을 먹는다. 챙겨온 손 선풍기를 들고 다니며 바람을 쐬어도 얼굴이 벌겋게 익는데 이곳 사람들은 일상인 듯 평온하다. 여행객과 현지인으로 붐비는 수상시장은 시골 오일장처럼 소박하면서도 볼거리가 널렸다.

해가 이울 무렵을 기다려 메콩강을 달리는 보트를 탄다. 어둑한 운하 양쪽으로 쭉쭉 뻗은 열대수가 휙휙 지나고 강바람도 시원하게 스친다. 이따금 리조트나 민가의 불빛이 깜빡일 뿐 보트가 달리는 강변은 호젓하다. 고향인 농촌에서도 사라진 반딧불이가 맹그로브나무에 붙어 크리스마스트리처럼 반짝인다. 반딧불이가 살아 있는 환경이 기특해 불빛 터지는 카메라도 삼간다. 반딧불이가 생존하는 환경이 유지되기를 바라면서.

보트가 평화로운 강을 달릴 때 발 마사지를 받는다. 메콩강 원시의 후각을 느끼며 마사지를 받은 건 인생 최대의 호사였다.

매끌렁철길시장을 지나는 기차

세상에나. 기차가 가슴팍을 스치며 지나간다. 발끝이 바퀴에 닿을세라 어어 소리 내고 배를 힘껏 거둬들인다. 천막가게가 빼곡히 들어선 시장의 하늘을 가린 천막이 모세의 기적처럼 걷히더니 기차가 들어오고 있다. 천막을 걷던 남자가 뒤에서 내 옷을 잡아당긴다. 왜 그러나 했더니 하마터면 내 발등 위로 기차 바퀴가 지나갈 뻔했다.

밀집한 가게 사이 철길로 걸어가듯 지나가는 기차를 보며, 옛것은 버리고 신식으로 단장하는 것만이 능사가 아니라는 생각을 한다. 부산 동해남부선 폐선로도 걷어내니 마니 하다가 그대로 두었는데 여행자가 찾아든다. 바다를 옆구리에 끼고 가는 천혜의 경관이 한몫했겠지만 철로를 보존한 결과다.

매끌렁시장은 조용한 강변 마을 옆에 위치한 재래시장이다. 칸칸이 구분된 조그만 점포엔 과일, 채소, 음식, 기념품 등 별것이 다 있다. 강이 가까워 그런지 생선이 많다. 상인들은 하루 네 차례 열차가 지날 때마다 천막을 접고 펼친다. 귀찮을 법도 하지만 불평하지 않는다.

1241
SRT

시장 거래를 일시 정지시킨 기차가 지나고 나면 다시 차일이 쳐지고 철로는 사람으로 메워진다. 기차에 내 물건이 치일세라 조바심 내는 상인도 없다. 이 철길시장은 방콕을 찾는 이가 꼭 가고 싶어 하는 곳이다. 시장 끝 지점엔 기차 종착역인 매끌렁역이 있어 둘러보는 재미도 있다.

아유타야역사공원 불상과 국수

아유타야는 14~18세기까지 태국의 수도로 번영했던 도시다. 서른세 명의 왕이 400여 년간 아유타야를 통치했으니 조선왕조에 버금가는 도시다. 태국을 보려면 아유타야역사공원에 꼭 가보라고 추천한다. 고도 아유타야는 수십 번 외침을 받은 끝에 미얀마 군에 멸망하고 붕괴한 왕국이다. 가장 번성했던 과거 왕조의 흔적과 전쟁이 남긴 상흔이 현재의 유적이 되었다. 불교를 숭배한 왕국인 도시 전체가 유네스코 세계문화유산으로 등재됐다. 한때는 인구가 100만 명에 달했을 것으로 추정한다니 그 시대의 영화와 발전 규모가 엄청났을 것 같다.

이곳 유적지 불상 군은 하나같이 머리가 잘려나갔다. 몸통만 남은 불상이 즐비하다. 누가 봐도 침략자의 소행으로 보인다. 불상을 통째 이동하기가 쉽지 않았을 터. 목만 댕강댕강 잘라 승리를 만끽하고 불교를 해악했을까.

보리수나무 부처는 꼭 봐야 한다. 보리수나무에 꽉 낀 채 나무의 일부가 된 얼굴부처는 배배 꼬인 줄기에 끼어서도 미소 머금고 있다. 침략자는 많은 불상의 목을 훔쳤을 것인바, 이 부처님은 어쩌다 보리수나무에 떨어져 불심을 지피는 역할을 했을 것이다. 이 부처를 등 뒤에 두고 사진을 찍느라고 자세를 잡았더니 안내원이 와서 '싯다운' 하란다. 키를 부처님보다 더 높게 하지 말고 앉아서 찍으라는 말이었다. 이처럼 태국 사람이 부처를 대하는 태도는 보통의 사고를 뛰어넘는다.

일행 중 한 사람이 아유타야국수를 먹고 싶다고 했다. 가업으로 대를 이어 운영한다는 길가 허름한 국숫집에 가니 앉을 자리가 없다. 현지인과 합석해 돼지고기와 소고기가 들어간 국수를 각 두 그릇씩 주문했다. 어떻게 두 그릇을 먹느냐고? 한 그릇의 양이 맛보기 정도에 불과하다. 먹성 좋은 남자가 젓가락에 둘둘 말아 올리면 한입에 먹을 정도다. 국수 반, 고기 반이다. 첫맛이 짭조름하고, 맵다. 날씨가 더워서 그러려니 싶다. 이런 태국 음식은 묘하게 중독성이 따른다. 돼지고기 국수는 525원, 소고기 국수는 700원 정도다. 입가심으로 식당에서 파는 옥수수하드를 먹었는데 옥수수 알이 푸짐하게 박혀 있다.

버려진 폐창고의 재탄생 창추이마켓

태국 방콕은 푸껫이 있는 남단과 치앙마이가 있는 북단을 잇는 중심부 도시다. 생각보다 거대하다. 이 중심부 카오산로드에서 20분쯤 달리면 닿는 재생공간이 있다. 방콕 역시 쇠락한 도심지에 색을 담고 활기찬 공간을 만들려는 노력을 하고 있다.

방콕 핫플레이스로 떠오르는 이곳이 바로 버려진 창고 단지를 재생한 창추이마켓이다. 입구에 들어서는 순간, 이곳이야말로 뭔가를 볼 것 같다는 기대에 부풀게 한다. 녹슨 양철 벽과 묵은 건물 곳곳에서 예술가가 예술품을 창작하고 있다. 특히 이곳의 상징인 비행기 전시품은 실제 하늘을 날았던 비행기라 이곳 존재감에 무게를 더해준다.

여러 구역으로 나뉜 곳마다 폐가구와 폐타이어를 재활용한 의자, 젊은 아티스트들의 독창적 아이디어가 돋보이는 조형물이 널린 이곳은 야외전시장이나 다름없다. 아트갤러리, 카페, 레스토랑, 마켓 등 종일 돌아보아도 볼거리가 충분할뿐더러 먹을거리도 많다.

이런 매력으로 2018년엔 타임지 선정 추천여행지 100선에도 이름을 올린 바 있다.

에필로그

머무는 며칠간 길고 짧은 마사지를 받았다. 뭉친 어깨 근육을 풀고 전신마사지를 받으며 걱정없이 쉬었다. 그 마지막은 타이항공 실크

라운지에서 받은 발마사지다. 바우바우(살살), 낙낙(세게) 정도를 써 먹으면 서로 간 친밀감도 생긴다.

푸껫에서 먹고 그리웠던 땡모반이라는 수박주스를 날마다 마셨다. 나물볶음 모닝글로리에 익숙해졌으며 팟타이, 수끼, 솜땀, 똠얌꿍과 코코넛주스, 누리안노 익숙하세 먹었다.

왓방쿵사원의 500년 된 보리수나무, 씨암디자인호텔의 미술관 같은 인테리어, MK레스토랑에서 먹은 수끼, 창추이마켓의 오래된 것들, 마사지 받은 스파, 쇼핑몰, 복합쇼핑문화센터 아시아틱, 숙소 리버사이드호텔 강변 풍경과 수영장, 그리고 라마2세공원 자전거하이킹까지. 더워도 아랑곳하지 않고 돌아다녔다.

강렬한 더위와 더불어 사는 그곳 사람들은 느긋하고 순수하다. 한국가요 「고장 난 벽시계」를 들먹이며 웃음 준 안내자 릭 여사에게 안부 전한다. 더워서 다시는 가지 않을 것 같던 그곳이 슬슬 그리워진다. 코로나로 세상 흐름이 달라진 지금, 어쩌면 그곳은 그곳 사람만이 가는 장소가 될지도 모른다. 집안이 눅눅할 때면 숙소 옆 쇼핑가에서 사 온 난 향초에 불을 붙인다. 여행을 기억하는 방식이다.

긴 여행 글을 쓰고 사진을 정리하느라 골이 지끈거리지만, 이 정도는 당연히 해야 할 몫이다. 타이항공을 응원한다.

앙코르 유적보다 톤레사프 1

씨엠립

앙코르 와트가 먼저 떠오르는 나라. 보통 패키지여행에는 베트남과 캄보디아가 한데 묶인다. 국경을 사이에 둔 두 나라인데도 베트남은 덥기만 한 나라로, 캄보디아는 뭔지 모를 신비한 감으로 다가온다. 베트남은 워낙 일찍부터 들어온 나라인 데 반해 캄보디아는 베트남보다 베일에 가려진 느낌이다.

캄보디아에 여행 다녀온 어떤 이는 한 달쯤 살아보고 싶다고도 하더라만, 일주일 정도 머물며 옛 크메르제국 수도였던 앙코르의 유적을 느긋하게 둘러봤으면 싶은 생각도 있다.

앙코르 유적의 대부분 사원이 동쪽을 향한 것과는 달리 앙코르 와트는 태양과 달의 움직임을 반영해 서쪽을 향하고 있다. 해가 이 사원 뒤쪽에서 떠오를 때 실루엣을 드러내는 앙코르 와트는 저 바다 끝에서 떠오르는 듯 웅장하다. 원뿔 모양 다섯 탑을 중심으로 한 앙코르 와트를 붉은 태양이 감쌀 때 그 신비함이 최고조에 이른다. 앙코르 와트를 두른 해자를 사이에 두고, 일출과 일몰을 느긋하게 시간들여 해 볼 일이다.

자비로움의 대명사 같은 바이욘사원의 미소 띤 부처는 종일 뜨거운 볕을 받으면서도 온화하다. 입꼬리가 살짝 올라간 부처 모습은 흡사 이곳을 건설한 자야바르만 7세를 닮은 것 같기도 하다. 미소를 돌로 빚어낸 정교함의 정도는 곧 불심의 깊이가 아닌가 싶어진다. 타프롬사원과 뒤엉킨 고목을 보면 끈질긴 생명력과 허물어져 가는 유적과의 상관관계를 한눈에 보는 느낌이다. 따갑게 내리쬐는 태양 아래에서 그 존재감을 한층 빛내는 앙코르 유적을 하루 이틀에 다 본다는 건 불가능하다.

캄보디아를 떠올리면 크메르왕국의 역사와 함께하는 800년대의 유적도 유적이지만, 톤레사프 세차게 이는 붉은 물보라 속에서 쪽배에 생존을 맡긴 가족이 떠오른다. 보트 가까이로 물건을 팔러 다가온 아기 안은 어린 엄마의 눈빛이 선명하게 남아있다.

영덕 삼벽당三碧堂 가는 길 1

갯냄새가 훅 덮친다. 영덕터미널에서 내려 완행버스로 갈아타고 아담한 어촌 경정에 왔다. 마을 앞 따사로운 부두엔 여자 여남은 명이 수북이 쌓인 미역을 손질하고 있다.

'경정1리' 표지석을 지나 영덕의 길 '블루로드'로 들어선다. 블루로드가 시작되는 지점이다. 사실 이 길을 걸을 목적으로 온 건 아니다. 하룻밤을 묵기로 한 영덕 인량리 전통마을로 가는 경로로 바닷길도 걷고 고택체험도 하려는 의도다.

노정의 여유는 밑바닥 근심까지 걷어내 준다. 길을 걷다 만나는 바닷가 일상은 평화롭다. 바닷말을 따오는 마을 노인, 마을 앞 공터에서 나른한 오수에 빠진 작은 배들, 방파제에 쳐 놓은 줄에서 꾸들꾸들 말라가는 가자미…. 잘 마른 생선을 탐나는 눈으로 바라보며 방파제에 걸터앉아 간식을 먹는다.

낯선 장소를 걷는 길에서는 수시로 변수가 생긴다. 두 갈래 길이 나올 때 두 길을 다 갈 수는 없다. 어느 한쪽을 택해서 가야 할 때 가지 못한 길에는 궁금증이 남기 마련이다. 그렇게 택한 길이 마음에 덜 차더라도 후회할 것까지는 없다. 「가지 않은 길」은 뒷날에 또 가보면 되겠기에.

불쑥 나타난 산길과 바닷길, 두 갈래 길 앞에서 잠깐 고심했다. 시원하게 가자며 바닷길을 택했는데 잘한 선택이었다. 오징어가 줄에 빼곡하게 널려 있고, 미역은 길가에서 가지런하게 말라가고 있다. 뙤약볕 아래에서 찢긴 그물망을 깁는 어부들, 바닷가 너럭바위에 진을 친 낚시꾼은 바닷가가 아니면 볼 수 없는 일상이다. 팔딱대는 이야기가 줄줄이 엮여 나올 것 같다.

여행자는 외지의 삶 속에 발을 담그고 사유의 세계를 넓힌다. 시기상으로 보아 낚시꾼의 낚시 통엔 감성돔과 학꽁치가 펄떡일 것이라 여기니 싱싱한 회를 먹고 싶단 생각이 간절하다.

가다 쉬다 서너 시간쯤 걸려 해가 기울 때쯤 삼벽당에 다다랐다. 세월의 더께가 읽히는 종가엔 위엄이 서렸다기보다는 나이 든 종부의 민얼굴처럼 단아하다. 닳고 낡은 나무 대문이 둥글게 휜 자연목 문지방 위로 묵직하게 달렸다. 집 주변에 소나무와 청오동, 대나무 등 세 가지 푸른 나무가 있어 삼벽당이라 지었다는데, 과연 안채를 대나무와 소나무가 병풍처럼 둘러쳤다. 울울한 나무처럼 터 잡고 역

사를 지켜낸 고택이 심성 너른 안주인처럼 첫인상이 푸근하다.

삼벽당은 조선 문신 이현보 아들 이중량의 종택으로 알려졌다. 영덕 속 작은 안동으로 불리는 인량리 전통한옥마을에 왔다. 증조할머니가 어느 방 깊숙이 머물 법한, 시대의 파란을 겪었을 고택에 몸담고 싶은 마음이 컸다. 이 집을 지키는 이는 그 후손도 아니고 대도시에서 잘나가던 전직 미용사다. 삼벽당을 지키자고 시골로 들어왔다. 까맣게 그을려 촌사람이 다 된 부부는 마당에서 하던 일을 멈추고, 주저주저 들어서는 객을 환하게 반긴다. 연륜이 눌러앉은 집에 비해 새파랗게 젊다.

삼벽당 사랑방에 들어서자 미리 장작불로 데운 방 공기가 후끈하다. 몇 세기를 거슬러 연줄 이어온 집에 비하면 하룻밤 묵을 객은 지나가는 바람에 불과할 터. 먼 그때의 어느 길손도 하룻밤을 묵어갔겠지. 여닫이문 밖 좁은 툇마루에 서니 삶의 시간표를 느슨하게 풀어놓고 싶어진다.

매고 온 가방을 내려놓고 뜨끈한 온돌방에 드러누웠다. 금방 나른해진다. 복사뼈에 물집이 잡히도록 잘잘 끓던 옛날 쇠죽 끓이던 온돌방 같다. 버튼만 누르면 데워지는 온방장치였다면 실망이 컸을 거다. 매캐한 흙냄새가 반갑다.

오백 년 종가 마을에 밤이 깊어간다. 안주인이 챙겨준 자리끼를 윗목으로 밀어놓고 툇마루로 조용히 나갔다. 유서 깃든 마을에 뜬 별

을 보려 함이다. 사는 사람은 바뀌어도 마을을 한결같이 지켜보았을 별. 별들의 시간 속에 특별한 하루를 담는다. 세월이 지나가는 게 아니라 우리가 지나가는 거라는 말에 깊이 공감한다.

여행이란, 세계라는 책 중 한 페이지를 읽는 것이라지. 바다가 길을 안내하는 블루로드도, 삼벽당 한 페이지도 잘 읽었다. 이 푸른 기운으로 한 달은 기운차겠다.

영덕
블루로드
문화생태탐방로
CULTURE AND ECO TRAIL

사라지는 철길을 따라 - 1

동해남부선

부전~포항 간을 달리는 동해남부선의 역은 대부분 일제강점기 때 화물운송을 목적으로 지어졌다. 단선 철로로 마주 오는 열차에 길을 비켜주려면 역내 선로에 정차해야 한다. 이도 군말 없이 기다려주는 사람들이 이용하던 동해남부선이 철로복선화 공사로 이전되거나 폐쇄됐다.

이 노선을 타고 좌천 서생 남창 불국사 안강 포항 등 목적지를 정하지 않고 가다 내리는 여행을 했다. 뜨거운 볕에 헉헉대며, 철길을 후줄근히 적시는 비를 맞으며, 승용차로, 혼자서 또는 친구와 함께.

동해남부선의 시작 부전역

동해안 내륙을 달리는 이 노선 출발역은 부전역이다. 주말엔 기장 쪽이나 경주 등지로 가는 원색 차림의 등산객이 몰려 미리 표를 예매하고 타는 지혜가 필요하다. 기차는 각양 삶을 싣고 느리게 시내를 관통하여 동래역으로 향한다.

도심의 기착지였던 동래역

기차 동래역 철로 주변이 한동안 복선전철공사로 어수선했다. 신동래역이 개통하면서 기존 동래역은 폐역이 됐다. 작고 친숙한 것들이 사라져 간다. 문명은 우리가 수용할 만큼 느긋한 속도로 다가오는 게 아니라, 때로 거부하고 싶은 속도로 덮치는 것 같다. 복선 공사 이후 거대한 콘크리트 구조물이 도시를 가로지른다. 무궁화호 기차가 서던 동래역은 역사 속으로 조용히 들어앉았다. 소시민이 기차를 타고 와 문전성시를 이루었던 동래역 새벽시장도 영영 볼 수 없게 되었다. 건물은 유지됐으니 그나마 다행이다.

바다가 가까웠던 송정역

휘영청 늘어진 멀구슬나무에 자잘한 연보랏빛 꽃이 향기롭던 구 해운대역을 지나 미포, 청사포, 구덕포로 들어서 송정역으로 향할 때 바다를 옆구리에 끼고 기차가 그림처럼 달리는 환상의 구간이 있

九德浦

송정
Songjeong

었다. 윤슬로 눈이 부신 바다가 차창에 나타나면 사람들 시선은 누구랄 것도 없이 바다로 쏠렸다. 지금 기차가 끊긴 철로는 시민의 산책로가 되었다. 흔치 않게 철길이 있는 바닷길을 시민들이 걸으러 간다.

어느 날엔 해운대 미포에서 송정 방향 철길로 올라섰다. 또 하루는 역방향으로도 걸었다. 발치에서 넘실대는 바다를 굽어보며 걸을 때 뒤에서 자꾸만 기적이 들리는 듯해 돌아보곤 했다. 기차가 꼬리를 감출 때까지 바라보고 섰던 동경의 시간이 떠올라 자꾸 뒤가 돌아봐졌다.

마음에 바람이 분 어느 날엔 이 바닷가 철길을 걸어볼 일이다. 미포와 송정 사이 청사포 어디쯤에선 하늘과 바다만 보이는 절경이 있음을 아는지. 나침반처럼 멀리 오륙도가 보이고, 난간도 없이 낭떠러지인 길에서 '하~' 하는 감탄사만 터지는, 영화 속 풍경보다 더 영화 같은 길이 그곳에 있다.

지금은 갤러리로 쓰이는 송정역에서는 늘 한 무더기의 젊은이가 내렸다. 바다가 가까운 송정역에서는 그들을 따라 불쑥 내리고 싶었다. 기적소리 들으며 색이 바랜, '샤워 1인 일천 원'이라는 널빤지 간판 내건, 허름하지만 초라하지 않은 역 앞 민박 골목길을 따라 바다로 가고 싶었다.

은행나무가 있는 좌천역

좌천역 터줏대감은 당차게 뻗은 은행나무다. 짙푸른 향나무를 사이에 둔 튼실한 은행나무가 철길을 지키고 있다. 노란 이파리가 무수한 엽서처럼 나부끼다가, 훨훨 날아 철길로 내려앉거나 노랗게 깔리는 장관을 보고 싶으면 가을이 깊을 때 좌천역으로 가라.

11월 말 좌천역은 그야말로 은행잎 천지다. 나무에도 화단에도 철로에도 샛노란 잎이 떨어져 쌓인다.

이곳 역장은 은행나무에 취한 승객들 때문에 안전문제로 부쩍 신경 쓴다. 무정차 기차가 지날 시간이 되자 철로 주변에서 셔터를 눌러대는 이들을 대합실로 보내느라 애를 먹는다. 노란나비 떼가 날리는 날에는 믹스커피 마시며 놀다 가고 싶어지는 좌천역.

'관리원 없음'이라는 팻말이 붙은 철도건널목 앞에 잠시 섰다. 철로가 두 갈래로 갈라지는 저만치로 좌천역 은행나무가 노랗게 까치발을 하고서 배웅하고 있다.

기차가 서지 않는 서생역

월내역과 남창역 사이 서생역. 진하해수욕장과 서생포왜성에 갔다 오는 길, '서생역'이란 옛 손 글씨체 철 간판이 서생역 자리였음을 알린다. 간이역이라는 말이 딱 어울리는 이곳엔 두어 채 있는 민가 앞으로 기차가 쌩하니 지나간다. 횅한 간이대합실엔 마른 낙엽만 뒹군다.

기차 소리를 평생 듣고 살았다는 노파가 대합실 주변에 흩어진 낙엽을 쓴다. 허리 굽힌 노파의 등 뒤로 오후 녘 볕이 발갛게 철길을 비춘다. 낡은 표지판 옆에 서서 달리는 기차에 손 흔들며 창밖 풍경이 되고 싶은 역.

철길 아래, 낡은 양옥 2층에 붙은 '도미디방'이란 글씨마저 정겨운 서생역. 김영랑의 시가 떠오르는.

> 빠른 철로에 조는 손님아
> 이 시골 이 뎡거장 행여 이즐라
> 한가하고 그립고 쓸쓸한 시골사람의
> 드나드는 이 뎡거장 행여 이즐라

오일장 열리는 남창역

기차는 터널을 두 개나 지나고서야 남창역에 들어선다. 기차여행을 하며 역전마다 장이 섰다는 사실을 알게 됐다. 남창 · 덕하 · 호계 · 경주 · 안강역 주변에는 지금도 큰 장이 선다. 3 · 8장인 남창 오일장은 규모가 어마어마하다. 없는 물건이 있을까 싶다.

의류며 생선과 육류, 건어물과 약재, 곡식, 채소를 비롯해 시장 명물인 뻥튀기, 냉국수, 돼지국밥 등등. 100년 가까운 전통을 가진 이 장에는 먼데서도 기차를 타고 와 전을 펼치는 장꾼이 많다. 20리 밖에서 왔다는 푸근한 인상의 아주머니한테서 토실한 영천 생 땅콩을

옹기마을
남창

사고, 기장에서 온 아저씨 가게에서는 통통한 쥐포를 샀다. 점심으로 사천 원짜리 난전 냉국수를 먹고 역으로 돌아 나왔다. 시장 입구 천막집 뻥튀기가게 주인은 올 때부터 낮잠만 자고 있다.

기와지붕이 고풍스러운 불국사역

부전역에서 한 시간 오십 분쯤 걸려 불국사역에 내리면 여행 온 실감이 난다. 직지사역이나 다솔사역처럼 사찰 이름을 딴 역인데, 기와지붕 건물이 천년고도 경주와 맥을 같이한다.

어느 한여름에 경주 힐튼호텔 우양미술관에서 열린 '박수근 · 이중섭 전'을 보러 갔다. 전시장에서 나올 때 폭우가 쏟아져 대책 없이 운동화 속까지 흥건히 젖었다. 불국사역으로 돌아와 역 앞 갈비국수집에서 갈비국수를 먹으며 옷이 젖은 줄도 잊었다. 특별할 것도 없는 잔치국수와 그에 곁들여 나오는 야들야들한 양념갈비구이는 자칫 서운할 속을 든든하게 채워준다. 밥때가 되면 번호표를 받고 기다려야 하는 이곳을 불국사역 맛집으로 추천한다.

이름이 불국사역인데도 불국사는 멀다. 이곳에서 차로 20분여 걸리는 거리에 있다. 고향의 큰집 기와지붕처럼 친숙한 불국사역!

성동시장 앞 경주역

친구와 동행한 날, 경주해장국을 먹으려고 팔우정삼거리로 가는

불국사역

길을 행인에게 물었다. 뭔 재수인지, 그에게서 길안내뿐 아니라 음식대접까지 푸짐하게 받았다. 동창모임을 했다며 술기운이 거나한 남자의 기대하지 않은 호의에 여행하는 내내 즐거웠다.

역 앞쪽으로 곧장 걸어가면 팔우정삼거리가 나오고 해장국거리가 나온다. 경주 별미인 메밀묵콩나물해장국을 파는 식당이 밀집해 있다. 고기가 들어가지 않고 메밀묵과 콩나물, 해초류로 끓여 맛이 맑고 개운하다. 기차 시간이 좀 남았으면 역 앞 성동시장에 가서 저녁 장을 봐 와도 좋겠다.

경주에서 역사의 흔적을 탐방하지 않으면 헛배 부른 거나 다름없을 터. 남산 삼릉 쪽으로 가 산에 널린 불교유적을 배알하고 돌아오기에도 하루 시간은 충분하다. 마음이 동한 날 마실 나가듯 경주 가는 기차에 훌쩍 앉아볼 일이다.

칸나꽃 붉게 타는 안강역

편안하고 편안하다는 안강安康역은 그 이름에서 기차역 느낌이 물씬하다. 역무원 없는 역에 하루 두어 번 완행열차가 서고 떠나는 역 같다. 내비게이션 안내를 따라 골목으로 들어서는데 그만 길이 끝나 버린다. 순간 당황하는데 저만치 높이 앉은 건물에 '안강역'이라는 글자가 조그맣게 보인다. 길이 끝난 게 아니라 목적지에 다다른 거였다.

2층 대합실로 올라가니 밋밋한 외관이 무색하게 기차역다운 정경이 펼쳐진다. 막 비질한 한옥 마당에 들어선 듯 철로 주변이 정갈하다. 여러 역의 승차장을 가보았지만, 기찻길이 놓인 풍경이 이리 오붓하고 아담한 곳은 없었던 것 같다. 철로를 따라 새빨간 칸나꽃이 태양 아래서 한껏 불타고 있다.

안강 장날을 비켜서 그런가. 마침 대합실이 비어 있어 역장에게 말 걸기가 부담 없다. 붐비던 남창 장날이 생각나 "이곳은 한가하다."고 말을 건네자, 이곳도 장날이면 그만큼 붐빈다고. 남창장보다 세 배는 클 거라는 답이 돌아온다.

기차가 지금은 하루 2회 운행하는데 한때는 8회나 운행할 만큼 이용객이 많았단다. 30년 전 안강역에 근무할 땐 하루 이용객이 삼천 명에 달했으며, 통학생과 장을 펴러 가는 이들로 기차역은 늘 붐볐다고 먼 전설처럼 이야기한다. 역의 역사에 최 역장의 이름도 기록되어야지 싶다.

이날, 오천 원짜리 갈비국수를 먹으러 다시 불국사역으로 갔다.

동해남부선 종점 포항역

드디어 동해남부선이 끝나는 종착역이다. 종점이라는 말이 꽤 여운을 남긴다. 이제 발길을 어디로 향할까. 죽도시장, 구룡포, 보경사…, 일단 역 앞 광장으로 나간다.

안 강
Angang 安康
사 방
양자동

어떤 낯선 도시를 앞에 두고 깜짝 놀랄 때 우리가 바라보게 되는 것은 다름이 아니라 우리들 자신의 진정한 모습이다.

— 장 그르니에 『섬』에서

겨울

살얼음이 품은 꿈 - 우포

찬 서리 덮은 침묵 속으로 태동의 기척 울리고
새벽안개 아침 햇살에 스러지듯 서리 걷히면
터질 듯 팽배한 생명의 기운이 성큼성큼 물오를 띵
한 시절 묵고 가는 손님처럼 겨울이 떠난 후
훈풍에 돌돌 물결 일어 속이 자글거릴 봄에
뜬금없이 있고 싶은 곳

봄이 움트는 살얼음 아래로 태곳적 꿈이 꿈틀댄다.

보이지 않는 생명이 더 많이 숨 쉬는 곳. 우포에 계절마다 찾아갔다. 그때마다 같은 길, 같은 장소에서 사진을 찍었다. 오월이면 자운영이 지천으로 피어 꿀벌 소리 왁자하고, 여름엔 왕버들이 친친 휘늘어지며, 온통 가을 색으로 물든 들판에서 망망해질 즈음 시베리아 철새들이 돌아와 둥지를 트는 곳.

걷기 좋은 길이 닦이고 자전거 길이 놓였지만, 원시대로의 늪이 주던 품속 같은 아늑함이 그립다. 소벌, 나무벌, 모래벌, 쪽지벌…, 어느 날엔가는 이 넓은 늪 둘레를 다 걸어보겠다고 나섰다가 다 못 걷고 돌아왔다. 수억 년의 전설이 꼬물거리는 고요한 수면을 응시하며, 마주하고도 그리운 우포.

수도원의 오래된 향기 1

메테오라

산토리니가 떠오르는 나라. 그리스 여행상품 광고에 산토리니는 빠지지 않고 소개된다. 워낙 자연경관이 뛰어나 그럴 것이다. 에게해를 끼고 하얗고 파란 지붕을 한 집들이 해안비탈에 들어선 산토리니는 한 번쯤 가보고 싶은 곳이기는 하다. 하지만 그리스가 신의 역사가 깃든 나라라는 걸 생각하면 갈 곳이 부지기수인 걸 알게 된다.

이 그리스에 내가 꿈꾸던 아크로폴리스가 있다. 그곳에서 대면한 고대 신전과 유적, 정교회수도원이 밀집한 칼람바카 바위 꼭대기에 들어선 수도원 메테오라를 접하고 그들의 신과 그곳이 품은 역사 앞에 다소곳해졌다.

아테네에서 수도원 집단이 있는 테살리아 지방까지 다섯 시간쯤 달렸다. 유네스코세계문화유산, 타임스지가 선정한 세계 10대 불가사의 건축물에 오른, 300m~550m 높이 바위기둥 위에 지은 인간이 만든 걸작 메테오라를 보기 위해서다.

수도원이 들어선 지역은 핀도스산맥이 관통하는 테살리아평원에 융기한 땅이다. 거대한 바위들이 곳곳에 치솟았는데 그 아슬아슬한 꼭대기에 수도원이 들어섰다. 사람이 지었을까 싶은 바위 정상 수도원을 보니 놀랍기만 하다. 이 세상의 풍경이 아니다. 보면서도 믿기지 않는다. 곳곳에 이런 수도원이 바위 장식물처럼 들어섰다. 살아오며 본 불가사의한 게 있다면 바로 메테오라수도원일 만큼이다. 이들 수도원은 위태해 보이기도 하지만, 마치 바위가 태초에 있을 때부터 그곳에 있었던 것처럼 평화롭게 밀착돼 보인다.

메테오라가 자리한 산중턱 1월 하순의 날씨는 입을 다물지 못할 정도로 매섭다. 오죽했으면 태양에 이빨이 돋았다는 표현을 쓸까. 아침 햇살이 번져오지만 공기는 볼을 따끔하게 쏜다. 머플러로 온 얼굴을 감싸고 손이 시린 것도 잊고 사진을 찍는다. 카메라가 이런 풍경을 찍을 용도라는 생각을 들게 한 건 처음이다.

이곳 수도자들은 속세와 단절된 생활을 했다. 정치가 불안했던 시기에 접근하기 어려운 바위 봉우리에 수도원을 지어 사다리와 바구니, 도르래를 이용해 외부와 교류했다. 숙소에 걸린 메테오라 그림 속 그물바구니가 그 사실을 증명한다.

신을 향한 간절한 귀의와 그들 신앙에는 감히 따를 수 없는 심지가 있어 보인다. 그리스에서 종교적으로 신성한 지역을 꼽는다면 메테오라가 빠지지 않을 것이다. 이런 수도원에 관광객이 몰려 기도에 집중하지 못하게 되자 대부분 수도원과 수도자가 다른 곳으로 이주했다. 세계가 인터넷 한통속인 시대다. 귀한 곳일수록 아껴두어 내놓지 말아야 한다는 생각도 하게 된다.

한때 스무 개 넘게 존재했다는 이들 수도원이 지금은 대 메테오라를 포함한 여섯 수도원에 60여 명의 수도사가 있다고 전한다. 바위 정상에 있지만 이곳도 평온하지는 않았다. 제2차 세계대전의 격전지였다. 침략하고, 지키려고 하는 양자가 분명 있었을 것 같다. 그리스군은 바위 지형을 이용해서 거점을 마련하고 무기를 로프에 매달아

바위산 위로 끌어올렸다. 탄약상자를 지고 절벽에 올라 총탄을 퍼붓고 여인들은 돌을 절벽 아래로 던졌다. 접근할 수 없는 바위 꼭대기에 있었기에 고스란히 보존돼 역사를 증명할 수 있었다.

바위를 뚫어 만든 계단을 걸어 대 메테오라로 올라간다. 숨이 차게 올라가 메테오라 성전 밖 복도 촛불함에 촛불 하나 켠다. 실내 벽을 채운 색 바랜 성화는 거룩한 느낌이 물씬하고, 오래된 것들에서 나는 향기 같은 것이 언뜻 후각을 스친다. 그곳에서만 맡을 수 있는 아득하고, 깊고, 오래된 향기. 고서에서 나는 것처럼 무겁거나 탁하거나 습하지도 않다. 이 은은한 향기를 여행에서 돌아가서도 기억하리라며 깊숙이 들이마셨다. 성자들, 예수 탄생과 재림이 그려진 프레스코화 앞에서 평온하다.

메테오라 전망대에 서니 깔람바카 시내가 아득히 내려다보인다. 전망대 바닥에 깔린 납작한 돌에 새겨진 흔적은 누구도 알아채지 못한다. 종 모양, 새 그림, 모자 쓴 수도사 그림, 날개를 활짝 펴고 날아가는 새…. 그림 앞에 쪼그리고 앉았다. 손가락으로 그림의 선을 따라가며 수없이 긁어 새기며 기도했을 어느 수도사를 만난다. 세상에 존재하지 않는 옛사람과 이보다 더 살가운 만남이 있으랴. 영화 E.T에서 이티와 엘리엇이 교감하듯 저릿한 교감이 인다.

천년 기도를 기억하는 바위를 쓰다듬으며 대 메테오라 문을 나왔다. 문을 사이에 두고 현실과 과거가 뚜렷하게 나뉜다. 존재 자체로 위대한 수도원을 한동안 우러르고 섰다.

남편을 여의면 평생 검은 옷을 입는 전통이 아직 유지되는 깔람바카. 작은 도시를 호위병처럼 듬직하게 두른 바위산을 올려다보느라 목이 아플 지경이다. 이곳에서 태어나고 자란 아이들의 기상은 남다르지 싶다.

칼람바카 숙소 주변 가게에서 산 머플러와 장미 오일, 자석 장식 등 사 온 것들을 방바닥에 늘어놓았다. 단연 대 메테오라 성물점에서 산 쪼그만 십자가 목걸이에 애착이 간다. 선물하려고 산 목걸이인데 차마 줄 수가 없다. 메테오라의 시간이 밴 선물이기에. 이 목걸이를 보며 수도원의 오래된 향기를 기억할 것이다. 향기에는 기억도 함께 담기는 법. 저장된 향기가 언제까지 유효할지 그게 걱정이다.

폐허를 지키는 파르테논 -
아크로폴리스

아크로폴리스 언덕에 겨울 햇볕이 따스하다. 파르테논신전을 마주하니 뻐근하고 벅차다. 여행 일정에 아크로폴리스와 메테오라가 없었더라면 유럽 여행에 크게 마음이 동하지는 않았을 것이다.

곤혹스럽게도 여행 시작부터 몸 상태가 좋지 않았다. 아이를 돌보느라 심신이 지치고 처진 상태였다. 인천에서 이스탄불까지 가는 11시간 25분여 비행 동안 온몸은 뜨겁게 쑤셔댔고, 불 꺼진 비행기 삼인 좌석 중간에 끼여 고통으로 몸부림쳤다. 약을 먹었지만, 최고조에 오른 몸살 기운으로 지옥인가 싶은 시간을 견뎌야 했다. 아파본 사람은 알 것이다. 아플 때는 위로와 인사치레조차 겉돌아 아픔을 더는 데는 별 도움이 되지 못한다는 것을. 차라리 짐 하나라도 들어주는 편이 당장 도움이 된다는 걸. 겪는 당사자만 외로운 섬이 된다는 사실을.

열흘간의 여행을 준비하며 장 그르니에 산문 선집 『섬』을 챙겼다. 두껍지 않고 읽으려던 책이라 일찌감치 여행 가방에 챙겨 넣었다. 하필 시기를 맞춰 몸살이 오는 바람에 책 제목처럼 섬에 갇혔던 여행이었다. 거머리처럼 들러붙은 기침은 돌아오는 날까지도 떨어지지 않았다. 코로나바이러스가 매스컴에 크게 오르내린 시기는 아니었지만, 기침 때문에 여간 신경 쓰이지 않았다.

그러나 꿈꾸던 아크로폴리스에서 몸살쯤은 아무것도 아니다. 이 언덕에 언제 또 와 보며 아테네의 공기를 들이마시겠는가. 심신이 처지더라도 찬찬히 스며드는 여행다운 여행을 하겠다고 다짐했다.

병원 처방약에다 약국에서 산 종합감기약과 진통제를 다 먹도록 몸살감기는 떨어지질 않았다. 여행지에서는 아파도 아플 새가 없다. 아플 수도 없다. 일정에 맞춰 다니려니 약을 먹어야 하고, 약을 먹기 위해 입에 맞지 않은 음식도 꾸역꾸역 삼켜야 한다. 먼 곳까지 왔는데 하루쯤 쉬고 싶어도 그럴 수가 없다. 이럴 때 여행은 고난의 행군이 될 수밖에 없다.

그리스 출생 뉴에이지 연주자 야니Yanni의 1993년 아크로폴리스 공연은 꽤 유명하다. 그 아크로폴리스에 왔으니 아픈 것도 잠시 잊으라고 뇌가 지시한 듯하다. 더구나 이곳에는 유네스코 세계유산 제1호 파르테논신전이라는 걸작도 있다. 이런 신전을 가진 국민이 신을 대하는 자세는 어떨까. 유전자부터 다를 것 같다. 이곳에서 공연한 야니도 그런 의미를 부여하지 않았을까 싶다.

아크로폴리스 공연을 본 후 야니의 진 팬이 되었다. 그가 현대백화점 40주년 기념콘서트로 서울에 올 때도 한달음에 달려갔다. 그리스에 와서 신전보다 공연장부터 찾은 이유다.

언덕 입구로 니케신전이 우뚝 보일 즈음, 발 아래로 야니가 공연한 헤로데스 아티쿠스음악당이 나타난다. 서둘러 내려가 보니 출입문 돌기둥과 원형 계단식 대리석 좌석만 남았다. 무대로 내려가 내부로 울려 퍼지는 울림을 들어봤으면 싶다. 돌기둥 너머로 보이는 아테네시가 쨍쨍한 볕을 받아 새하얗게 반짝인다.

여행이란 그곳에 있는 것. 나는 지금 그곳 파르테논신전 앞에 서

있다. 이스탄불에서 아테네까지 두 시간을 합해 무려 열세 시간 하늘을 날아왔다. 몸살로 파리했던 세포가 모조리 깨어나는 느낌이다. 파르테논과 에레크테이온신전을 품고 있는 아크로폴리스는 폐허나 다름없다. 돌무더기 널린 아크로폴리스에서 몸살도 잊고 흥분지수가 올라 뭘 해야 할지 허둥댄다.

카메라 노예에서 잠시 해방되기로 했다. 사진이고 뭐고 다 그만두고 유럽 여행자처럼 너른 바위에 앉았다. 세계 사람들이 이 언덕에 모여든다. 느린 걸음으로 신전 주변을 걸었다. 저만치 시가지에 제우스신전 기둥이 우뚝 솟아있고 언덕 아래로는 디오니소스극장 원형 계단이 보인다. 보는 것마다 역사책 한 페이지다. 도처에 신들을 모신 흔적이 남아있는 아테네는 통째로 유적이다.

이천 년이 되지 않으면 돌멩이로도 치지 않는다는 이곳에서 신전 기둥 한번 만져보고 싶었다. 기둥에 깃든 시간을 쓰다듬고 싶은데 접근할 수조차 없다. 울타리를 쳐놓은 파르테논은 복원공사 중이다. 언덕에 널린 바위에 앉아 흠모하는 대상을 보듯 하염없이 바라보는 수밖에.

신전에서 교회로, 사원으로, 급기야 터키인의 화약고로도 사용되었던 파르테논신전. 파란의 역사를 겪었을 위대한 신전이 여행객을 바라보는 시각은 어떨까. 내 조상의 조상, 그 조상의 조상, 그 윗대 조상을 만난 기분이 이럴까. 묵은 것이 주는 느낌은 묵직하고 편

안하다. 내가 그를 바라보지만 그가 나를 쓰다듬는다. 신전 돌기둥에 서쪽으로 넘어가는 태양 볕이 사선으로 닿자 따뜻한 황금색으로 변한 폐허는 걸작이다. 이 걸작을 뇌리에 담아두고자 오래오래 바라보고 서 있다. 기원전 5세기에 아테나여신을 기리고자 건축했다니 2,500년을 머금은 흔적이다.

언덕을 내려오다 디오니소스극장 터 대리석 좌석에 앉았다. 고대연극이 열렸던 바로 그 자리, "OYP OTPO…"라는 어느 귀족 이름이 새겨진 지정석에 앉으니 스치는 바람 한 올도 예사롭지 않다.

헤로데스 아티쿠스음악당에서, 파르테논신전에서, 디오니소스극장에서, 그곳에 있음으로 충분히 행복했다.

『섬』에서 작가는 말한다. 사람은 자기 자신을 찾기 위해 여행하며 그때 여행은 하나의 수단이 된다고. 또 살아가며 통과해야 하는 엄청난 고독 속에는 어떤 각별한 장소와 순간들이 있다고. 그처럼 아크로폴리스는 내 고독 속 각별한 장소로 기억될 것이다.

돌아와 열흘쯤은 더 끌었던 여행 후유증도 시나브로 추억 속으로 들어앉았다. 밥때마다 먹었던 몸살약, 귀밑이 젖도록 흘린 식은땀과 입에 맞지 않은 음식, 아침마다 짐 싸던 일, 달고 산 기침까지도…. 고통스러운 여행일지라도 여행한 기억은 고통스럽지 않다. 지나고 나면 다 미소 머금게 하는 기억으로 남는다. 혼자만의 섬이 되더라도 여행은 할 만한 것이다.

문장을 따라간 『설국』의 고장 -
에치코유자와

생소한 언어, 사뭇 다른 정서, 이색 경치와 문물…. 여행자는 이런 낯선 곳에서 다른 형태의 삶을 보며 더 넓은 세계를 향유하게 된다. 여행이야말로 진정한 체험의 장이며, 행복의 기준을 재정립하게 되는 수단과 통로가 되는 것 같다. 갈망했던 곳일수록 만족도도 높다. 소설 속 문장을 따라서 오래 맘에 두었던 『설국』의 고장에 왔다. 그 눈길 속으로 행복해지고 싶은 당신을 초대한다.

첫 문장은 절묘했다

"국경의 긴 터널을 빠져나오자, 눈의 고장이었다."

이는 기차가 두 고장을 잇는 터널을 빠져나올 때 딴 세상처럼 눈앞에 펼쳐지는 풍경을 압축한 소설 『설국』의 첫 문장이다.

문학의 힘은 대단하다. 소설 첫 문장이 이만큼 설레게 하고 여행을 부추기는 글이 또 있을까. 이 문장으로 하여 오랫동안 눈의 고장을 꿈꾸었다.

터널, 철도관사, 역장, 밤의 눈, 기차간 풍경, 눈옷, 장화, 온천장, 게이샤…. 이런 단어가 나열되는 소설 무대를 찾아, 눈에 보이는 거라곤 온통 눈뿐인 적요한 마을을 찾아왔다. 도쿄에서 니카타행 조에쓰신칸센을 타고 소설가가 머물렀던 지방으로 향할 때, 기차 전광판에는 상모고원을 통과하는 중이라는 안내 글이 흘렀다. 기차가 몇 개의 터널을 지나는지 셀 수 없고 고도가 높아 귀가 자주 먹먹해졌다.

가와바타 야스나리가 쓴 『설국』의 고장 유자와는 높은 산맥에 둘러

싸였다. 눅눅한 바닷바람이 산맥에 부딪혀 초겨울부터 이른 봄까지 눈을 쏟아붓는다. 터널 전과 후의 지역 기후가 이렇듯 다른 연유는 바로 높은 산맥 때문이었다. 기차가 터널 이전 역을 출발했을 때만 해도 차창밖엔 벚꽃이 한창 만개하고, 들판에는 보리가 새파랗게 자라거나 아지랑이가 보일 듯 봄빛이 완연했다. 그런데 고장이 바뀌는 긴 터널을 빠져나오자 소설 첫 문장에서처럼 하얀 겨울이 열리고, 눈에 덮인 묵직한 산이 햇살에 부시게 반짝인다. 터널 저쪽 지역과 판이한 눈[雪] 세상에 눈[目]이 동그래진다. 이 고장의 특이한 정취가 소설 첫 문장으로 탄생했음을 생생하게 확인한다.

노벨문학상 수상 작가를 모신 마을

에치코유자와역을 나서니 사월 초인데도 척설이 도로변에 작은 동산처럼 쌓여있다. 곳곳에 빨간 눈금이 표시된 막대기를 보며 눈의 고장임을 실감한다. 마을 뒷산에는 스키어가 탄 리프트가 쉼 없이 오르내리고, 계곡에는 눈석임물이 비 온 후처럼 콸콸 흐른다. 눈처럼 해맑은 감성을 담담한 문체로 쓴 소설 『설국』의 배경답다. 노벨문학상 수상 작가를 모신 마을이, 이 마을 사람이 부럽다. 얼마나 자부심이 클까 하고.

바람이 차가워질 무렵, 쌀쌀하고 찌푸린 날이 계속된다. 눈 내릴 징조이다. 멀고 가까운 높은 산들이 하얗게 변한다. 이를 '산돌

림'이라 한다.

또 바다가 있는 곳은 바다가 울리고, 산 깊은 곳은 산이 울린다. 먼 천둥 같다. 이를 '몸 울림'이라 한다. 산돌림을 보고 몸 울림을 들으면서 눈이 가까웠음을 안다.

기차가 다니지 못할 정도로 많은 눈이 내리고, 눈에 갇힌 채 긴 겨울을 보내야 하는 고장에 눈의 계절이 도래했음을 알리는 소설 속 문장이다. 작가가 외진 한촌에 불과한 유자와 온천에 머문 건, 자연 풍경 묘사에 대한 작가가 지닌 관심 때문이었다고 전한다. 당시의 문학, 특히 소설이 자연에서 멀어지고 자연을 표현하는데 낡고 구태의연한 단어들만 떠올린다는 한계를 절감했다. 이런 고뇌에 젖은 작가와 산맥에 둘러싸인 유자와 마을의 분위기가 잘 맞았을 것 같다.

소설 핵심은 순간순간 덧없이 타오르는 여자의 정열에 있다. 개통한 지 얼마 안 된 시미즈터널 밖으로 나오면 설국이 열린다. 그 한갓진 곳의 온천장에서 게이샤로 살아가는 고마코에게서 발산되는 야성적 정열과는 대조적으로 순진무구한 청순미로 시마무라의 마음을 끌어당기는 요코. 이 두 여자를 도쿄에서 온 무위도식하는 여행자 시마무라가 허무의 눈으로 지켜본다.

버킷리스트 지우기

상상이 안 되는 엄청난 눈에 덮인 세상이 어떨까가 궁금했다. 과연 집은 눈에 파묻혀 지붕만 보이고, 적설량을 표시하는 긴 작대기의 어디까지 눈이 쌓였을까 하고.

마을 중심을 관통하는 길을 따라 작가가 머문 다카한료칸으로 가는 길에 평생 보지 못한 눈 무더기에 놀란다. 사월 초인데도 지붕마다 눈이 수북이 쌓여 있다. 눈 덕분에 스키 마니아가 몰려들고 소설 무대를 찾는 사람들 발길이 이어지겠다. 쉬엄쉬엄 걸어 당도한 료칸 앞 소설 탄생지임을 알리는 간판 앞에서 두 팔을 높이 쳐들었다.

"방에 앉아 있으면 모든 걸 잊을 수 있어 공상에도 신선한 힘이 솟는다."라고 한 다다미방 낡은 의자에 앉으니 앞 산맥도 하얗고 낮게 앉은 마을 지붕도 하얗다. 언덕 아래로 작가가 타고 다녔다는 국철이 지나는 가라유자와역이 보인다.

원래의 목조 건물이 불타 건물은 개축했지만, 작가가 쓰던 방은 그대로 간수했다는 주인의 말이다. 방에 앉으니 눈앞 풍경부터 싫증나도록 바라보고 싶다.

웅장한 에치코산맥, 터널을 빠져나오거나 진입하는 기차, 눈 덮인 마을…. 『설국』이 출간된 1937년 당시 한적한 분위기가 소설 창작에 한몫했을 것이라 여겨진다.

소설이 탄생한 현장에서 작가가 들려주는 조용한 문학 강의를 들은 기분이다. 한나절 머물고 돌아나가는 길에 역 도시락 에키벤을 사서 기차에 오른다. 기차는 설산의 배웅을 받으며 금방 터널 속으로 들어섰다.

「雪国」
高半旅館

글루미 선데이로 남은 부다페스트

'존엄 없이 사는 것보다, 존엄 속에 죽는 것이 낫다.'

이는 소설 『글루미 선데이』가 전하는 메시지다.

헝가리 가수 레죄 세레스가 부른 「글루미 선데이」는 당시 자살을 부르는 노래라는 오명이 붙으며 유명해졌다. 작가 니크 바르코프가 이 노래를 모티프로 해서 부다페스트에서 레스토랑을 운영하는 한 유대인과 피아니스트에 대한 소설 『우울한 일요일의 노래』를 썼다. 후에 이 소설은 동명의 영화로 제작됐는데 우리나라에서 세 번이나 상영될 정도로 관심을 끌었다.

오스트리아 빈에서 부다페스트로 달리는 버스에서 이 영화를 감상했다. 벨베데레궁전에서 클림트의 그림 「키스」를 만난 감흥이 가라앉기도 전이다. 여행하는 길에 어떤 사연이 엮이면 사연과 함께 그곳을 회자하게 되는데, 여행 이후 부다페스트는 「글루미 선데이」의 도시로 기억된다.

아직도 아쉬운 건 지금도 운영한다는, 영화 「글루미 선데이」 속 배경이 된 군델레스토랑에 가보지 못했다는 점이다. 부다페스트 영웅광장에 오래 지체했으면서도 레스토랑이 그곳에서 가까운 거리라는 걸 몰랐다. 여행지 정보를 모조리 알고 가면 자칫 아는 정보대로만 볼 우려가 있다고 생각했다. 여행은 머리를 비우는 과정이며 최대한 가볍게 여행하겠다는 다짐이, 가봐야 할 곳을 놓친 결과를 불렀다.

영화 무대는 2차 세계대전 중인 헝가리다. 유대인 '자보'와 그의 연인 '일로나', 작곡가이자 피아노 연주가인 '안드라스', 독일 연대장 '한스' 사이에 벌어지는 로맨스멜로다. 나치가 점령한 부다페스트 14구역에 자리한 군델레스토랑에서 한 여자와 두 남자 간의 사랑이 액자소설 형식으로 펼쳐진다. 전쟁이 끝나기 몇 달 전, 독일은 헝가리를 점령하고 부다페스트를 주둔지로 삼는다. 격변의 시기를 배경으로 아슬아슬한 장면이 긴장을 이어갈 때 관객도 함께 긴장한다.

당시 헝가리엔 유대인과 비유대인이 공존했는데 독일이라는 폭력 앞에 일상에는 두려움이 그림자처럼 깔려 있다. 그런 환경에서 꽃피는 사랑은 불안하고 애절하다. 아름다운 주인공 일로나를 향한 두 남자의 사랑은 집착적이다. 여자는 두 남자 중 누구도 포기할 수 없다. 그녀에게 욕망을 품은 독일군 대령까지 끼어든다.

어쨌든 한 여자는 세 남자의 죽음에 본의 아니게 관여한다. 한 남자는 아우슈비츠에 보내졌으며, 또 한 남자는 여자를 위한 음악을 만들고 자살한다. 여자가 사랑하는 남자를 아우슈비츠 목욕탕으로 들어보내고 독일군 대령이 되어 돌아온 남자는 팔순 생일에 그녀에게 독살당한다. 어쩌면 여자가 평생을 기다렸을 대반전은 슬픈 희열을 안긴다. 여자가 사랑한 두 남자는 묘지에 묻혔고, 아름답던 여자의 생은 황혼에 이른 결말로 볼 때 그렇다.

영화 엔딩은 어떨까. 노을이 짙게 물든 세체니다리 저 너머로 부다왕궁이 일몰 풍경으로 들어온다. 헤더 노바의 애절하고 청아한 '우울한 일요일의 노래'가 화면에 깔리고, 여자가 탄 승용차가 노을 속을 달려간다. 영화의 결말은 어쨌든 관객을 배신하지 않았다. 침울한 선율, 분리할 수 없는 성격 같은 우울함, 영화 전반에 깔리는 무거운 공기, 사랑과 죽음과 전쟁이 한데 얽혀 한 며칠은 기분이 가라앉는 묘한 여운을 남기는 영화다.

이 영화를 여행에서 돌아와 다시 보고 원작도 구해 읽었다. 영화의 느낌은 크게 다르지 않았다. 반복되며 흐르는 선율이 흑백영화「당나귀 발타자르」에 흐르는 슈베르트 피아노소나타 20번 A장조 애수와 결이 닮았다. 두 영화 테마곡은 헤어진 연인을 향한 미련처럼 아른아른 감성을 건드린다.

이 영화가 우리나라에서 상영될 때는 보지 못했다. 영화 탄생 현지에서 한 장면도 놓치지 않고 본 후 부다페스트가 새롭게 각인됐다. 헝가리 건국 천 년을 기념하는 그들 자부심 영웅광장도, 위대한 국회의사당도, 부다페스트에선 영화「글루미 선데이」에 묻힌다.

부다페스트에서는 다뉴브강 유람선 투어가 빠지지 않는다. 언덕인 부다와 평지인 페스트 사이를 흐르는 다뉴브강에 유람선이 운항한다. 휘황한 황금색 조명을 입은 국회의사당은 유람선 투어 야경 중 백미다. 부다왕궁과 이슈트반대성당 같은 고전의 신비함과는 다른 웅장함으로 물결을 황금빛으로 물들인다. 영화에 등장하는 세체니다리에도 알전구가 조롱조롱 불 밝히고, 그 다리 아래를 지날 때쯤 귀에 익은 선율이 밤바람 타고 흐른다. 누구나 갑판으로 올라가 '다

뉴브강의 잔물결' 왈츠를, '아름답고 푸른 도나우'를 들으며 이국의 정취를 만끽한다.

다뉴브강 야경과 세체니다리, 불빛이 일렁이던 밤물결, 익숙한 신율...

잠깐 깊은 사랑에 빠진 사이처럼 부다페스트 후유증이 길다.

* 그때로부터 이 년 후, 유람선을 탔던 다뉴브강 그 자리에서 한국 여행객이 탄 유람선이 침몰했다. 알전구로 기억되는 세체니다리엔 희생자에게 바치는 꽃이 쌓이고 애도가 이어졌다. 이 낭만의 다리는 사고를 지켜본 슬픔의 다리가 되었다. 희생자 명복을 빈다.

한옥마을에 눈발 내리고 -
전주

한국관

기도의 응답 같다. 뭇사람의 염원이 하늘에 닿아 마침내 느낌표로 내려오는 눈. 내리는 눈발을 보고만 있어도 기도 자세가 된다. 가없이 쏟아지는 눈을 향한 말 없는 기도.

눈이 내리면 눈 입자가 소음을 흡수해 사위가 먹먹하다. 어느새 마음속 눈이 녹지 않는 아련한 시간 속으로 침잠한다. 눈이 없다면 세상은 음악이 없는 세상처럼 심심하다거나, 으레 받아야 할 축복을 받지 못하는 기분이지 않을까. 하늘이 지상을 정화하려 뿌리는 꽃잎 같은 눈은 곤궁한 삶의 실태에도 잠깐 눈꽃을 피운다. 비록 곧 녹아내릴 찰나의 꽃일지라도 가없는 꿈을 꾸게 한다.

하룻밤 사이 한옥마을은 새로 생겨난 작은 고을이었다. 하늘은 눈을 매개로 모의하여서 마을을 밤새 새하얀 궁전으로 변신시켰다. 전통과 풍류가 공존하는 한옥마을이 펼친 설경에 반 넋이 나갔다. 추위에 웅크리기는커녕 고삐 풀린 송아지처럼 눈밭을 쏘다녔다. 쏟아지는 눈사태에 주민들은 큰 빗자루로 연신 집 앞을 쓸며 입김을 내뿜었다.

숙소 앞 소나무 몇 그루는 두툼한 눈 뭉치를 뭉텅 달고 휘었으며, 게스트하우스 '전망'도 눈 속에서 나뭇결이 선명하게 살아났다. '황손의 집'으로 가는 긴 흙담도 뽀얀 눈가루를 소복이 덮고, 골목에 선 자동차는 차체가 눈덩어리가 되었다. 치즈 가게와 수제 초코파이 가게를 지나 전동성당으로 가는 길, 말간 가로수엔 눈꽃이 만발했는데 건

어린이보호구역
30

널목 가로등은 유독 푸르고 빨갛다. 어린이 보호 구역을 알리는 노란 간판도 한층 샛노랗다. 그 풍경들 사이로 백 년을 지킨 전동성당 뾰족 돔이 천상계처럼 솟아 있다.

무릇 살아가는 일이 그렇듯 기대가 크면 실망도 쉬 따르는 법. 눈을 예견했더라면 감흥도 시시했을지 모른다. 실내에선 행사로 들썩거리는 시간, 바깥엔 눈의 역사가 만들어지고 있었던 게다. 아주 고요하고 은밀하게.

생전 처음 보는 것 같은 눈이 쏟아져 쌓이는 밤길로 나섰다. 어깨를 잔뜩 웅크리고, 털모자를 눌러쓰고, 더러 눈밭에 드러눕기도 하면서. 세상살이 따윈 깡그리 잊어도 좋았다. 누군가는 사색에 잠겼으며, 눈 내린 날 헤어지거나 만난 인연을 떠올리고, 유년의 아랫목 같은 뜨거운 위안을 받았으리. 삶이 좀 지루해도 이리 눈 반짝이는 순간이 있어 버틸 수 있을 것 같다. 느닷없이 마음 설렐 일이 자주 오는 일은 아니므로.

눈이 점령한 하룻밤이 지나자 도시가 통째 고립되었다. 전국에서 모임 참석 차 온 사람들 발도 묶였다. 저마다 순수함으로 돌아간 그 밤의 시간, 주고받은 눈빛과 눈짓, 해이해진 마음까지…. 회상 속 그 밤엔 여전히 눈발이 날린다.

해묵은 추억을 더듬네 -

모화

경주행
2
타는 곳 1
Tracks

호계
Hogye 虎溪
효문
Hyomun
모화
Mohwa
정지

늦은 밤 서둘러 기차표를 예매했다. 철도사진 공모전 수상작을 보다가 폐역이 된 모화역에 불쑥 가고 싶어졌다. 기차가 눈 덮인 골짝을 지나거나 단풍으로 물든 산야를, 물안개 속을 달리는 광경을 보면 가슴이 쿵쾅댄다. 꿈틀하며 막 출발하는 기차 바퀴의 움직임을 느끼고 싶어진다.

그곳에는 한 추억이 묻혔다. 모화라는 말을 떠올리면 경주시 외동읍 모화, 소설 「무녀도」의 주인공 무당 모화, 자동차로 모화 근처쯤을 지날 때 '같이 죽을까?'라고 한 이름도 얼굴도 기억나지 않는 한 사람이 엮여 회상된다. 눈 이불을 덮고서 산수화의 극치를 보인 모화 어디쯤은 숨 막힐 듯 고요했다. 느닷없이 죽자던, 본심은 아니었겠지만 고즈넉이 눈 덮인 정경은 불쑥 죽음을 떠올리게 했던 것 같다. 그 겨울 이후 모화는 늘 한적한 시골 설경으로 회상된다.

동해남부선 기차에 앉아 김동리의 「무녀도」를 펼쳤다. 현대문학전집에서 페이지를 오려내어 가방에 넣어 왔다. 반을 뚝 쪼개어 들고 다니며 읽었던 『월든』처럼, 부피가 얇아 들고 다니는 부담을 던다. 여러 번 읽었지만, 모화를 추억하며 가는 길에 읽는 문장은 한 줄 한 줄 쏙쏙 들어온다.

소설 속 모화가 살았던 마을은 성건동 일대라고 알려졌다. 옛날 이곳에는 꼬불꼬불한 골목에 점집이 빼곡히 들어서 있었다고 한다. 한 집 건너 무당이 살아 무당촌이라 불렸던 이 마을 어디쯤에서 동리 선생은 나고 자랐다. "이 마을 한 구석에 모화라는 무당이 살고 있었

BUS stop
경주
모화역
울산

다. 모화서 들어온 사람이라 하여 모화라 부르는 것이었다."라는 소설 문장처럼, 무당 모화는 지금 가고 있는 모화에서 들어왔다는 것이다. 실제 소설 무대인 성건동과 모화리, 모화가 스스로 빠졌다는 수심 깊은 예기소가 고만한 거리로 떨어져 있다.

기차 창밖으로 도시도 아니고 농촌도 아닌 소읍의 무미한 풍경이 지나간다. 산을 통과하는지 터널도 종종 지난다. 책에 집중하다 호계역이라는 안내방송에 후다닥 일어섰다. 모화로 가는 버스로 갈아타야 하기 때문이다. 유명하다는 독일빵집을 지나 곧 나온 버스정류장에서 모화가 종점인 버스를 탔다. 차창 밖으로 '모화'가 들어간 간판이 이따금 휙휙 스치고, 그때 그곳은 어디쯤이었을까 하고 추억을 소환하기도 전에 버스는 종점에 다다른다.

종점까지 간 사람은 나뿐이다. 종점 건너편 이층 양옥 건물은 인터넷으로 보아 눈에 익은 모화역 건물이다. 건물 벽에 부동산, 땅, 크레인 같은 광고가 빼곡하게 붙었다. 건물은 일반인에게 분양하고, 건물에 붙은 역 간판도 철도공사에서 떼어갔다는 말을 부동산 사무실에서 듣는다. 기차 간이역의 정경은 찾아볼 수 없다. '모화'라는 사연 있을 법한 이름만 붙박이 전신주처럼 반긴다.

모화역엔 이곳을 지나는 동해남부선도 서지 않는다. 경부선, 중앙선, 영동선 기차도 쌩하니 지나가 버린다. 역 주변으로 오막조막 자리 잡은 모화마을은 일제강점기 때 철로가 나면서 아래위로 두 동강 나버렸다. 기차가 서고 많은 마을 사람이 타고 내리던 때는 아득히 사라졌다.

동리 선생은 이곳에서 모화를 데리고 갔다. 주인공 무녀의 이름을 짓지 못해 고심할 때, 어릴 적 고향에서 들은 이야기가 떠올랐다. 옛날엔 불국사 산문에 아무나 들어설 수 없었다. 승려로 출가하려면 모화에서 머리를 깎고, 다음 마을인 입실에서 불국사로 들기 위해 마음을 닦으며 기다렸다고 한다. 그런 연유로 마을 이름이 모화毛火가 되었다는 이야기였다. 당시 신라는 불교 전성기로 불가에 귀의하려는 사람이 모화군 성문에 이르러 삭발하고, 그 머리털을 태우고 불국사 경내에 들어갔다는 그것이다. 모화는 머리를 태운다는 뜻, 소설 속 모화는 머리를 불사르고 속세를 떠나 피안의 세계로 나간다는 뜻을 품었다는 게 동리 선생의 해석이다. 모화로 무녀 이름을 정하고는 소설이 쉬 써졌다고 한다.

무녀 모화가 탄생한 모화에서 갈 데 없이 서성댄다. 굴다리를 지나 모화성당과 모화1리 노인정이 있는 모화마을을 두서없이 걸어보지만 눈 이불 덮었던 옛 정취는 간데없다.

아늑한 골짝 모화는 어디였을까. 아파트며 신축 건물이 외지 손님처럼 들어선 모화에서 해묵은 추억을 더듬고 있다.

2.5m

설국에서 띄우는 편지 -
삿포로

치토세공항에서 나오니 온통 눈 세상이군요. 온천마을로 가는 길에 얼음조각 궁전에 들렀지요. 거기서 새파래져 나오니 가루눈을 동반한 바람이 몰아치는군요. 바람이 걸음을 떼어놓을 수 없게 몸을 휘감는데 마침 시코츠호수 위로 석양이 발갛게 물들지 않겠어요. 눈밭에 선 가로등에도 불이 켜지고, 빨간 우체통은 눈보라 속에서 누군가의 소식을 기다리는군요.

> 우체통 앞에 서서 그대에게 속마음 전하는 편지 한 줄 못 쓴 것을 후회합니다.

시퍼런 호수를 끼고 돌아 나오는 버스 손잡이를 꼭 잡았답니다. 난간조차 없는 좁은 눈길을 아슬아슬 달리는 옆으로 호수가 무섭게 입 벌리고 있지 않겠어요. 눈으로 하여 벅차지만, 눈 때문에 가슴 졸이는군요.

삿포로 온천마을 조잔케이도 눈에 덮였습니다. 이른 저녁 가로등 불이 켜지자 때맞춰 눈이 퍼붓기 시작하는군요. 며칠간 줄곧 보게 될 눈사태였지요. 거리로 나왔답니다. 눈이 불나방처럼 발간 가로등으로 날아들고, 자욱하게 쏟아지는 눈을 맞으며 가로등 주변을 맴돌았습니다. 밤이 이슥하도록 밤눈이 아득히 내리네요. 그 소리 없는 아우성에 하얗게 건밤 새우고 있습니다. 설국에서의 첫 밤을 꼬박.

CATHAY PACIFIC

POST

바다를 천성으로 좋아한 이. 파도 소리에 잉태되고, 자라고, 바다를 품고 살다가 지금은 어느 바다 위를 떠도는지요.

차창밖엔 솜털 뭉치 같은 눈옷을 입은 가로수와 소복 입은 선비 같은 숲, 바닥을 가리키는 빨간 교통표지판만 보이는군요. 버스는 날아드는 눈 때문에 윈도 솔을 바쁘게 움직입니다. 시야가 뿌여네요. 시계는 불과 몇 미터도 되지 않을 성싶습니다. 폭우에 흐린 시야는 봤어도 폭설에 가린 시야는 처음 봅니다. 삶에 날아드는 축복 같기도 하고 정신 차려 매사에 신중히 하라는 경고 같기도 합니다. 뽀얗게 몰아치는 눈을 헤치고 도야호로 달려가는 중입니다.

하루쯤 눈 속에 고립되어도 될까요. 날씨를 핑계로 발이 묶이고 싶다는 유혹이 걱정 속을 비집고 드는군요.

도야호수에서 유람선을 탔습니다. 시푸른 겨울 호수에 무얼 볼 게 있어 유람선을 탈 거냐고, 그냥 눈밭에서 놀고 싶었지요. 이런 생각은 유람선이 먼 호수를 돌아올 때쯤 말끔히 지워졌답니다. 호수로 머리 위로 눈은 쏟아지지요. 호수 변두리 헐벗은 나무는 속수무책 눈을 맞고 있지요. 정적에 갇힌 숲에서 들려오는 소리 없는 함성이 귓전을 울리지요.

지상을 폭격하듯 눈 떼가 호수로 녹아듭니다.
시간이 강물처럼 흘러갔어도 여전히 주변을 맴도는 그대 생각처럼 아득히.

여행은 삶을 벗어나는 게 아니라 삶을 더 절실히 붙들려는 결의 같은 거겠지요. 용기 내어 낯설고 물선 시간으로 들어가려는 시도, 그리하여 나 자신이 더 굳건히 설 거라는 희망찬 행동이 아닐까요.

일본 영화 「러브레터」의 오타루운하도 예외 없이 눈 세상입니다. 오후 다섯 시가 넘으니 해가 설핏해지고 수은등이 운하를 따라 불 밝히네요. 풋사랑의 아릿함을 담은 「러브레터」 영상이 삼삼히 떠오릅니다. 사랑했던 연인이 죽은 지 이태, 그의 약혼녀는 여전히 그를 잊지 못하고 저만치 설산을 향해 소리치지요.

"오겡끼데스까~와따시와 겡끼데스~"
잘 지내시나요? 전 잘 지내요.
… 그래요. 잘 지내요, 저도.

내 자리로 돌아가야 하는 현실이 눈앞으로 다가왔군요. 이제 곧 비행기를 탈 시간, 눈이 그치지 않는군요. 공항에 발이 묶이게 될까요. 다들 침묵하며 공항을 점령한 눈을 바라보고 있습니다. 활주로도 비행기도 융단폭격처럼 하늘 가득 퍼붓는 눈을 대책 없이 맞고 있습니다. 비행기 날개 위에 쌓인 눈을 치우는 모습을 보며 설국답다는 생각을 합니다. 눈을 치우는 일로 하루를 시작하고 마감하는 이곳 사람들에게 눈은 생활의 일부일 터. 하루만 폭설이 내려도 허둥대는 우리에 비해 이곳 사람들은 눈에 의연해 보이는군요.

며칠을 보고도 질리지 않은 눈으로 하여 행복했습니다. 여행에서 돌아왔지만 여정은 끝나지 않는군요. 벽차도록 담아온 눈이 다 녹을 때까지, 눈을 빌미로 쓴 속 편지가 그대에게 닿을 때까지 저는 여행 중일 겁니다. 「러브레터」의 히로코가 세상을 떠난 연인 이츠키에게 편지를 보냈듯, 나 또한 회신 없을 편지를 보냅니다.

가까이 있거나 먼 곳에 있어도 한결같이 떠오르는 그대,
오늘도 평안하신지요.

벌써 삿포로가 그립군요. 우리 "삿포로에 갈까요. 멍을 덮으러, 열을 덮으러 삿포로에 가서 쏟아지는 눈발을 보며 술을 마실까요."*

---

* 이병률 여행 산문집 『바람이 분다. 당신이 좋다』 에서

인간이 탄생에서부터 죽음에 이르기까지 통과해야 하는 엄청난 고독 속에는 어떤 각별한 장소와 순간들이 있다.

— 장 그르니에 『섬』에서

가을

계절이 흐르는 길 - 통일전

어떤 장소나 지역, 사람이 멋있어 보이는 건 그만이 지닌 개성과 자체에서 우러나는 기질이나 향취가 있기 때문일 터. 이는 자신만의 색깔을 간직하고 있다는 뜻이며, 그것이 한층 그답게 한다는 뜻일 것이다. 경주야말로 그만의 개성과 전통이 제대로 살아있고 배어있는 도시가 아닌가 한다.

이런 경주로 가을이 익어갈 때쯤 은행나무 단풍을 보러 달려간다. 은행나무 단풍이야 범어사 노목부터, 부전시립도서관 앞 낙엽축제가 열리는 은행나무 길, 동해남부선 기차가 서는 좌천역 철로에 노란 카펫을 만드는 몇 그루, 쌍계사 금당 가는 길 우람한 은행나무도 있지만, 경주쯤은 가야 가을을 제대로 본다는 나름의 지론이 있기 때문이다.

읽던 책을 챙겨 동해남부선 기차를 탄다

가을이 깊어가는 11월 둘째 주말엔 경주 통일전으로 갈 시기다. 통일전 앞 시원하게 뻗은 길 양쪽으로 도열한 은행나무 사이로 영화 장면처럼 달려오는 자동차를 보고 있으면 그제야 가을을 본 듯 충만해진다. 가을맞이이기도 하지만, 가을을 뻐근하도록 눈에 담고 또 배웅한다는 게 맞겠다.

어느 날도 읽던 책을 챙겨 기차를 탔다. 들고 있는 책을 마저 읽으려고 완행열차를 탔다는 어느 소설 속 문장처럼, 책 한 권을 들고 은행나무를 보러 가는 길이다. 기차에 앉아 책을 펼치고선 첫 줄도 못 읽고 경주역에 다다른다. 등산객과 단풍 구경 나온 이들로 가을 주말 무궁화호는 만석이다. 더위를 무사히 넘긴 자신에게 하는 보상처럼 가을 역 앞 광장은 드나드는 여객으로 술렁댄다.

역 맞은편에서 탄 시내버스는, 설레는 맘을 싣고 이내 시내를 벗어나 들녘을 달린다. 창밖은 농익은 황금 들판 수채화를 보는 듯 황홀경이다. 벚나무 단풍까지 어우러져 도심에 지루했던 눈이 어쩔 줄 모른다.

통일전 앞 은행나무 가로수길

이곳 은행나무 단풍은 11월 첫째 주를 지날 때쯤이 절정이고, 둘째 주는 잎이 어느 정도 떨어져 바닥에 노랗게 깔리는 정도며, 셋째 주는 은행잎이 카펫처럼 깔리고 나무는 말갛게 스산하다는 걸, 가 본 경험으로 대략 헤아린다. 단풍이 절정인 때를 놓치더라도 상관없다. 좀 아쉽긴 하지만 버스정류장 벤치에 앉아 지나가는 가을 속에 있는 것만으로 충분하다.

누구는 가을 대청봉에 올라야 한 해가 갈무리된다고 하더라만, 나는 경주의 가을을 보아야 가을을 본 것 같다. 해서 가을이 깊어 갈 무렵엔 경주행 기차표를 끊곤 한다. 비록 마저 읽으려고 들고 간 책은 한 줄 읽지 못해도 괘념할 것 없다.

당분간 통일전 앞 은행나무 가로수 길의 멋스런 운치는 볼 수 없게 됐다. 관리 명목으로 잔가지를 다 잘라버려 숱을 쑥쑥 쳐낸 머리처럼 볼품을 잃었다. 몇 해가 가야 원래처럼 회복할지. 지난 사진으로 위안 삼을 뿐이다.

미야지마의 예스러운 가을 1

히로시마

해소되지 않을 껄끄러운 사이처럼 역사로 얽힌 나라. 일본은 지리적으로 가깝고 날씨나 환경, 문화, 음식이 크게 이질적이지 않아 여행하기에 좋은 나라인 건 분명하다. 사실 여행은 개인 자격으로 하는 거라 여행하며 불편을 겪은 적은 없다. 역사는 간직하되 여행하는 순간에는 의식되지 않는다. 패키지여행이나 자유여행으로 규슈, 혼슈, 홋카이도 지역으로 여남은 번쯤 간 일본은 지역과 계절 따라 그곳만의 감성으로 남는 부분이 있다. 여행은 새로운 땅의 발견이 아닌 새로운 눈으로 보는 것이다.

에어서울에서 내놓은 여행상품 민트패스를 샀다. 일본 7개 도시를 순차적으로 왕복하는 비행기티켓이다. 갈 도시도 지정했는데 요나고, 히로시마, 다카마쓰, 시즈오카, 도야마, 나가사키, 우베 순이다. 정상가 140만 원짜리를 할인한데다 첫 출시기념으로 추가 할인해 399,000원에 판매했다. 일본 한 도시를 왕복하는 비행기 요금이 57,000원 선이라니 혹했다. 한데 문제는 에어서울 상품이라 일본 가는 비행기를 타러 부산에서 서울까지 가야 한다는 거였다. 부산과 서울을 왕복하는 기차요금도 들었고, 시간상으로도 족히 반나절은 더 소요됐다. 거기다 사용기한이 1년인 것과 두 달에 한 번꼴로 비행기를 타야 한다는 것도 꽤 부담으로 작용했다.

그래도 비행기표가 있으니 다 가지 못할지언정 든든했다. 그 첫 도시로 간 데가 돗토리현 요나고다. 조용한 소도시의 아다치미술관 정원도 흐트러짐 없는 정물화 같은 작품이었지만, 천 엔짜리 초밥뷔페에서 먹은 초밥은 그 정원보다도 훨씬 기억에 남는다.

두 번째 간 도시가 미야지마가 있는 히로시마다. 히로시마는 원폭의 도시 정도로만 알고 있었다. 여행 장소로 생각해 본 적도 없다. 여행한 후에는 히로시마에 대한 관점이 확 바뀌어, 히로시마 하면 미야지마가 연상된다. 히로시마역에서 미야지마구치역 방면의 산요본선 보통열차를 타고 30분여 달리면 미야지마구치역에 도착한다. 여기서 페리로 10분여 바다를 달리면 닿는 섬이 미야지마다. 히로시마 여행의 전부라 해도 좋을 만큼 예스러운 경관과 운치가 오래도록 남는 섬이다.

Matcha
Coffee

미야지마는 일찍이 17세기에 일본 3경으로 꼽혔고, 히로시마 관광청도 미야지마를 방문해야 할 다섯 가지를 든다. 신이 머무는 섬, 밀물과 썰물 때 경치가 다른 섬의 풍광, 이쓰쿠시마신사를 비롯한 사원, 해발 530m 미센[弥山] 정상에서 보는 전망과 사계절 경치, 다양한 먹을거리 등이다. 페리가 이 섬으로 여행객을 실어 나르는데 일본인이 더 많다. 그 점이 미야지마가 명승지임을 입증한다.

섬에 내리면 누구나 바다에 우뚝 선 오토리이를 향해 걷는다. 바닷물이 빠져나간 거대한 기둥 오토리이를 다가가서 보니 조개가 다닥다닥 붙어 있다. 드러난 개펄엔 바다생물 천지다. 이곳을 대표하는 영상인 바다에 잠긴 신사와 오토리이, 바닷물에 반영된 신사의 붉은 회랑은 밀물 시간이 맞지 않아 보질 못했다. 이웃 동네라면 금방 다시 와도 되련만 여행지에서는 이런 점이 늘 아쉽다.

바다에 선 오토리이를 보고 나면 대부분 신사로 향한다. 유네스코 세계문화유산이며 일본에서 가장 유명한 관광지 중 하나라는데, 신사 입장 줄이 길게 선 바람에 길을 따라 누각으로 향했다. 가서 보니 역사 시간에 익히 들은 토요토미 히데요시가 지었다는 대경당이다. 깐 다다미가 900여 장 분량이라 천첩각이라 불리는데, 이 누각에 입장료 100엔을 내고 신발을 벗어들고 오른다. 왜란의 장본인이라는 말에 돌아설 수도 없어 역사는 잠깐 접어두기로 한다.

통기둥 사이 반들반들한 마루 깊숙이로 노란색이 들이친다. 누각 앞 은행나무 두 그루의 단풍 빛이다. 툇마루에 서서 먼 산과 낮게 앉은 마을에 익어가는 가을을 바라보는 운치가 그만이다. 누각을 내려

올 때 옛 글씨와 옛 그림 같은 흔적들이 던지는 단순명료한 메시지를 듣는다. 자연은 영원하고 인생은 찰나라고. 역사에 기록되어 생을 심판받는 일 없이 정직하게 살아야 한다고.

히로시마에는 유네스코 세계유산이 둘 있다. 평화기념공원에 뼈대만 남은 원폭 돔과 미야지마의 이쓰쿠시마신사다. 히로시마성, 일본식 빈대떡 오코노미야키 거리, 토모노우라 골목과 항구, 슈케이엔 정원 같은 볼거리가 있지만, 히로시마에서는 원폭 돔과 미야지마만 봐도 알차다.

히로시마공항에서 산 사천 엔짜리 5일용 투어리스트패스는 요긴하고 편리하게 잘 썼다. 이 패스 하나로 노면전차, 시내버스, 페리, 공항 리무진 등 교통편을 표만 제시하고 일사천리로 탔다. 패스를 사지 않았더라면 매번 요금을 계산하고 동전을 세느라 번거로웠을 건 말할 것도 없다.

누각 아래로 보는 아담한 마을, 가을 단풍이 짙어가는 미센, 낮은 주택과 먹을거리 널린 골목으로 기억되는 미야지마. 유명 여행사이트인 트립어드바이저에서 외국인에게 인기 있는 일본 관광명소 1위로도 뽑힌 바 있는 미야지마.

여행한 후면 늘 미련이 따른다. 못 보고, 못 먹고, 못해 본 아쉬움이다. 히로시마 여행을 마무리하니 다음 도시가 기다린다. 다카마스다.

고도孤島 아틀란티카 1
상해에서 오키나와

한 남자가 난간을 부여잡고 있다. 불끈 잡은 두 팔 사이로 고개를 푹 묻었다. 몰입한 시간을 방해할까 조심스럽게 지나며 보니 기도하는 줄 알았던 남자는 울고 있다. 그냥 우는 정도가 아니라 꺼이꺼이 소리 내어 운다. 흐느끼는 소리가 세차게 몰아치는 바닷바람에 묻혀 끊어졌다 이어졌다….

처절한 울음이 발목을 잡는다. 상해를 출발해 오키나와로 향하는 크루즈 아틀란티카호. 가도 가도 그 자리 같은 바다를 항해하는 초대형 배 10층 뱃머리다. 이날 40시간을 항해할 배에 승무원 천여 명, 승객 천여 명이 타고 있지만 지금 그와 나 둘뿐이다. 배는 바다를 사열하듯 유유히 동중국해를 가르고, 저만치 아래에선 무시무시한 생명체 같은 바다가 요동치며 위협한다. 어디 뛰어내릴 테면 내려 보라고.

바람이 목에 두른 머플러를 휘어잡고는 미친 춤을 춘다. 그 기세가 걸음을 옮기려고 한쪽 발을 드는 순간 몸이 휘청 기울 정도다. 자칫 바다로 떨어지면 그냥 끝이다. 서슬 푸른 바다에 오금이 저리고 얼굴 감각이 얼얼하다. 그런 중에 한국인인지 중국인인지 국적 모를 남자는 크루즈 선두에서 울부짖고 있다.

한 사람쯤 몸 던져도 배는 알아채지 못하고 지나갈 것이며, 바다는 눈도 깜짝하지 않을 것이다. 윤심덕과 김우진이 맺을 수 없는 현실을 탓하며 몸을 던졌다는 관부연락선이 떠오른다. 처녀 항해에 나섰다 비운의 운명을 맞은 타이태닉호를 떠올리면 소름이 돋을 만큼 으스스해진다. 아틀란티카호는 타이태닉호 두 배 규모다. 그러나 망망

COSTA ATLANTICA

대해에서는 조각배에 불과하다. 나는 바람이 채갈까 난간을 잡고 섰고, 남자는 세상에 혼자인 듯 고독하다. 그를 지켜야 했다.

둥그렇게 휜 수평선으로 나아가는 배는 세상과 단절된 섬이다. 바깥세상과의 연결 통로인 메시지 수신과 발신, 인터넷, 전화도 먹통이다. 소통이 끊긴 답답함과 소속의 끈에서 해방된 홀가분함을 동시에 맛본다. 종일 빈둥거리며 파니 노는 무료함을 체험한다. 이런 바다 위에서 각자는 각각의 독립체다. 완전한 고립과 자유가 공존한다.

어마한 볼록렌즈가 된 수평선 끝에는 수천 길이의 낭떠러지가 있어 가다가 툭 떨어질 것만 같다. 다행히 수평선은 그대로 멀고 낭떠러지도 그만큼 멀어진다. 망망한 바다 위를 일엽편주처럼 아틀란티카호로 나아가고 있다. 수만 가지 걱정과 근심과 고민을 뭍에 내려놓고서, 또 그만큼 싣고서.

하염없이 지루한 시간을 견디며 오지 않는 고도를 기다리듯, 조금은 권태로운 시간 속에 있다. 그 고도가 무엇인지 누구인지도 모르고 기다린『고도를 기다리며』주인공처럼, 사막의 어린왕자처럼, 작은 섬 크루즈에서 시간 보내기에 길들고 있다.

추위에 얼굴이 푸르뎅뎅해질 즈음 드디어 남자가 몸을 움직인다. 내 시선을 얼른 딴 데로 돌리지만 괜히 당황스럽다. 한데 정작 자신은 아무 일도 없었다는 몸짓과 표정으로 씩 지나간다. 실망스럽다. 겸연쩍은 눈빛이라도 보내주지 않고서. 천하에 혼자인 것처럼 울부

짖더니 바다와 합의라도 한 걸까. 사람 사는 일이 나라마다 다르지 않을 터. 그가 설령 한국인이었다고 해도 선뜻 말붙이지 못했을 것이다. 남자는 가장 솔직해진 순간을 들킨 민망함에, 어쩌다가 관객이 된 나는 훔쳐보다 들킨 머쓱함에. 그러나 그의 가슴 속 체증이 풀렸다면 그만 아닌가.

남자를 지키던 나도 슬며시 그 자리에 서보았다. 어떤 심정이었을까 하고. 시퍼렇게 꿈틀대는 바다를 보니 다리가 후덜덜 떨린다. 그러나 아직 삶의 절실함이 덜한 건지, 추위에 언 때문인지 무엇에 북받칠 겨를이 없다. 바람만 매몰차게 얼굴을 후린다.

만월처럼 주어진 공백의 시간에 되레 충만감을 만끽한다. 그러면서도 주어진 여유를 어쩌지 못한다. 시간만 재고 살았지 시간 보내기에는 익숙하지 못하기 때문일 것이다. 오늘 할일이 무엇인가는 생각지 않아도 좋다. 시선 신경 쓰지 않고 실컷 운 남자처럼, 누구나 다 자유이므로. 여러 국적인이 한 운명체가 된 아틀란티카, 이 고도孤島에서는.

금당 가는 길 - 쌍계사

쌍계사 금당 가는 길은, 옥천교를 건너고 돌계단을 올라 돈오문을 지나는 속세를 벗어나는 길. 이 돈오문 안 담장에서 눈높이로 보는 듬직한 은행나무가 있다. 이곳 담장에 서면 황금빛으로 나부끼는 은행나무가 시야를 채운다. 금빛 단풍은 저 높은 데 자리한 금당에서도 기와지붕 사이로 샛노랗게 보이는데 가히 가을 풍경에 정점을 찍는다.

어느 가을 느닷없이 쌍계사로 내달았다. 은행나무 잎은 아직 초록빛이 선연한데 그날따라 몸살 기운이 스멀스멀 덮쳐왔다. 팔영루 앞 잎이 무성한 은행나무 아래 벤치에 앉았다가 이내 그대로 드러누웠다. 노래진 얼굴 위로 초록 은행잎이 나풀나풀 날려 떨어졌다. 풋내나는 잎에서 가벼운 무게감이 전달됐다. 그 몸을 하고 화엄사를 지나고 지리산 노고단 재를 넘어 밤길을 달려왔다. 몸살은, 닿을 듯 닿지 못한 인연처럼 한 달을 질질 끌었다.

이 쌍계사에서 어느 날엔가는 스님들이 하는 범패를 들었다. 이게 무슨 복인가 하고 마당에 자리를 펴고 눌러앉았다. 꽤 긴 시간 하는 스님들의 노래는 그 자체가 법문이며 거룩한 기도였다.

은행나무 잎이 통째 물드는 11월 끝자락에 이곳에 가자던 한 약속이 있었다. 그러나 마른 은행잎이 바닥에 구르도록 이뤄질 기약이 없다. 그날 벤치에 누웠던 흔적을 찾아 연둣빛 새잎이 돋을 때 그곳으로 달려갈 일이다. 돈오문 담장 앞에 서서 허튼 약속 같은 건 지울 생각이다.

시간도 흐르고 사람도 떠나지만, 변함없는 건 풍경뿐임을.

54879770

고려인 통한의 라즈돌리노예역 -
우수리스크

106
74985748
20
ст. ЗАВОДОУКОВСКАЯ СВЕРД
74985748

호젓한 철로가 비에 젖고 있다. 이 싸늘한 철길을 따라 주권 없는 고려인이 맥없이 쫓겨났다. 시베리아 횡단열차가 지나치는 우수리스크 라즈돌리노예역이다.

스탈린은 소수민족 억압정책으로 연해주 일대에 터전을 잡고 살아가던 고려인을 사막과 고원지대인 중앙아시아로 내몰았다. 그 일을 벌이기 시작한 때는 해방이 감감하게 남은 일제강점기로, 일제가 대륙침략을 본격화하자 소련은 한인에게 일본의 첩자라는 누명을 씌웠다. 라즈돌리노예역은 고려인 이주 역사와 함께하며, 한인을 최초로 강제로 실어 보낸 통한의 역이다. 비련의 역사를 감내하기엔 버거웠을 면 단위도 안 되어 보이는 시골 역이다.

역 앞 낡은 의자에 노쇠한 한 남자가 앉아 있다. 우르르 내렸다 떠나는 여행객에게 무표정하다. 어쩌면 강제이주의 참상을 낱낱이 알고 있을지도, 혹 일말의 양심으로 함묵하고 있을지도 모를 일이다.

연해주는 조선 이주민에겐 비운의 땅이다. 시베리아 동남쪽 동해를 접한 이 지역은 한반도와 떼어놓을 수 없다. 발해의 영토가 있었으며 항일 독립운동이 가장 활발했다. 한인끼리 등 기대고 뿌리내렸던 신한촌은 당시 한인사회의 대표 거점이었다. 첫 이주지역인 지신허마을을 시작으로 연해주로 이주해 온 한인이 십만 명이 넘었다. 살아보려 고향 땅을 등지고 온 이들은 본인 의지와 상관없이 수천 킬로미터 떨어진 중앙아시아 카자흐스탄과 우즈베키스탄으로 내쫓겼다. 그곳에 뼈를 묻기도 했으니 그 한이 사무쳤을 것이다.

요즘 목숨 걸고 국경을 넘는 난민의 처지가 그랬을까. 이 난민들

ОСТАНОВКА
ЛОКОМОТИВА

탈출은 자유의지에 따른 행동이지만, 고려인은 의지는 고사하고 동물처럼 학대받으며 추위와 굶주림과 병으로 죽어갔다. 그런 최악의 환경에서도 꿋꿋하게 생을 일구었다. 검질기게 생존하는 잡초처럼 강인한 근성으로 황무지를 개간하고 내동댕이친 삶을 일으켜 세웠다. 중앙아시아엔 지금도 그 후손 상당수가 살고 있다고 한다. 밟아도 밟혀도 일어서는 카레이스키로 불리며.

블라디보스토크나 우수리스크, 하바롭스크 등 연해주엔 우리가 미처 생각지 못한 삶이 있었다. 그것도 현재진행형으로. 지난한 역사가 만든 고려인이라는 이름이 왜 그리 낯설고 애잔한지. 길어야 한 세기를 전후한 역사인데도 깡그리 잊고 산 미안함이 여행하는 내내 착잡하게 괴었다.

연해주에 와보니 기억해야 할 항일운동 대부가 따로 있다. 바로 최재형 선생이다. 그는 선원 생활을 성실히 한 덕에 러시아인 선장 집에 양자로 들어갔다. 이런 배경으로 막대한 독립운동자금을 후원할 수 있었다. 안중근 의사가 거사를 앞두고 하얼빈으로 떠나기 전까지 최재형 집에 머물며 실전을 준비했다고 한다. 안 의사가 처형된 후에는 그의 남은 식구를 보살폈다.

사람은 역사의 갈피에 묻히고, 그가 살았던 집은 남의 나라에서 적막하기 짝이 없다. '최재형의 집'이라는 한글 몇 자가 당시 공산국가에서 힘겨웠을 독립운동 여건을 실감 나게 한다. 이런 그의 존재는 독립운동가들에게는 구세주나 다름없었을 것이다. 안중근에 가려진 최재형이란 인물은 위대했다. 우수리스크 여행은 이 사실을 안 것만으로 충분히 보람 있다.

중앙아시아로 내몰렸던 고려인이 연해주로 재이주해 온다고 한다. 그들 방랑의 삶은 아직 끝나지 않았다. 조국에 대한 정체성은 언제까지 흔들려야 할지. 분명한 건 이들이 한국인이면서도 한국인이 아닌 고려인이라 불린다는 사실이다. 그래도 그 3, 4세들은 고국에 가고 싶어 하며 한류에 긍지를 가진다고 한다. 그 조국이 이주 한인의 후대를 잊어서는 안 될 것 같다.

독립운동, 발해, 고려인이니 하는 말에 담긴 한인 역사가 구슬프다. 비 젖는 라즈돌리노예역을 떠날 때 다들 침묵하여 말이 없다.

여기만 아니면 돼 -

치앙마이

여자들에게는 일상을 벗어나는 자체가 여행일 터다.
이에 동의하는 친구 셋이 죽이 맞아 떠나기로 했다.
"여기만 아니면 돼."라고 외치며.

국내 배낭여행을 다니던 친구끼리 더 넓은 세계로 나가보자고 맘을 모았다. 제약받지 않고 떠나기 위해 다달이 곗돈도 모으며 준비했다. 남편들도 익히 아는 사이라 준비하는 데 딱히 걸림돌은 없었다.

여행은 여행 가방을 꾸리면서부터 시작된다. 아니 여행을 계획하는 단계에서부터 시작된다고 봐도 좋다. 6일 일정에 맞춰 날마다 갈아입을 옷과 신발, 의상을 완성할 모자까지 준비하며 부산했다. 가방은 점점 불룩해졌다.

가는 곳은 태국 북부지방 치앙마이다. 패키지 여행 할 때는 며칠간 일정을 함께해야 하기에 그 일행이 신경 쓰이기 마련이다. 현지에서 만난 여행 일원은 희한하게도 대가족 구성원이 모인 것 같다. 우리 여자 셋, 노부부, 중년 남자 둘, 대학생 한 명으로 전부 여덟 명인데 마치 부모와 자식 내외, 손자로 이뤄진 가족 같다. 오붓해서 좋았는데 이 오붓함이 나중에는 워낙 조용해서 쾌활한 우리 세 여자가 없었더라면 분위기가 서먹했지 싶다. 여자들 수다에 웃음이 터지고 활기찼다. 무뚝뚝하기 짝이 없는 깍두기 머리의 두 남자와도 나중엔 농담까지 주고받았다. 그들은 정말 쇠꼬챙이처럼 뻣뻣해서 말 한 번 섞지 않았다. 이 남자들과는 며칠 만에 말을 트자마자 헤어지는 상황이 되었는데, 여행했던 친구를 만날 때면 회자하는 유쾌한 기억이다.

치앙마이에서는 특히 유황온천이 인상적이다. 정원에서 솟구치는 분수대 물이 온천수라니 놀랍다. 그 물에 달걀을 담가 익히고 있다. 구시가지 유적, 지옥과 극락세계를 새하얗게 표현한 백색사원, 해발 1,200m에 있는 산상사원 야경, 국왕 즉위 60주년 기념으로 만든 로열가든이 대표 관광지다. 태국 사원은 외관도 불상도 온통 금색이라 화려하다는 게 첫인상이다. 고즈넉한 절 풍경이 아닌 전혀 이색문화지만, 사람들이 부처를 공경하는 자세는 보통을 훨씬 뛰어넘는다.

재래시장에서는 부담 없이 옷도 사고 쇼핑하는 재미가 컸다. 태국 옷감이 시원하고 질감이 좋다는 걸 이때 알았다. 원피스와 스카프, 바지 등을 여러 개 사 와서 잘 입고 있다. 그쪽 여자들의 평균 수치인지 옷 사이즈가 대체적으로 작은 게 흠이었다.

여자 셋이 여행하다 보니 늘 숙소가 문제였다. 숙소 사정에 따라 간이침대를 들여놓았는데 라오스에서는 간이침대를 놓을 여건이 되지 않았다. 부득이 한 사람은 방을 따로 써야 했는데 서로 무섭다며 버티는 바람에 내가 선뜻 나섰다. 밤새 쥐도 새도 모르게 납치되는

건 아닌가 하고 무섭긴 했다. 이런 경험을 하고 나니 여행은 셋이서 할 게 못 되더라는 결론이 내려졌다.

국민 95%가 불교를 믿는 태국 국민이 왕을 대하는 태도는 상상을 초월한다. 국왕이 서거한 지 몇 달이 지난 때인데도 비행기 승무원들이 검정색 천을 꽂고 있다. 야시장, 재래시장, 국경시장, 새벽시장 등 어디를 가나 대형 국왕 사진이 걸려있을 정도다. 하루는 그곳에서 산 치마로 맞춰 입고, 또 하루는 라오스 새벽시장에서 산 빨간색 머플러를 목에 두르고 여행하는 멋을 냈다.

여행을 갔다 오면 여행한 시간 속에 사람도 함께 기억된다. 깍두기 머리의 경상도 남자들도 치앙마이를 떠올리면 푼수끼 다분한 수다쟁이 여자들을 기억할까.

치앙마이 사진도 포토북으로 만들었다. 혹여 파일이 사라질 경우를 대비해 최단시간에 사진작업을 한다. 사진을 잃은 경험이 몇 번 있기 때문인데, 여행한 사진을 잃어버리면 추억까지 몽땅 잃은 기분이 든다. 치앙마이 포토북도 40쪽이 훌쩍 넘는다.

엿새짜리 여행이 보름까지 이어지기도 하는 것은 이런 작업 때문이다. 사진을 정리하고 저장하고, 여행 글까지 마무리하면 여행이 막을 내린다. 그러나 잔잔한 여운까지 싹둑 사라지는 건 아니다.

내디딜 곳 없는 -
보길도

더 내디딜 곳이 없다. 땅끝에 서니 눈앞엔 망망한 바다다. 해거름에 가속이 붙어 무엇에 끌리듯 해가 바다로 기울고 있다. 다시 안 올 것처럼 하늘을 갤판 삼아 짙붉은 물감을 풀어헤친다. 장엄한 하루의 피날레다.

해가 지면 사람 마음에서도 빛이 거두어질 서다. 해가 꼴깍 넘이기는 지점이 과연 지구의 어디쯤일까. 사람들은 꼭 치러야 하는 의식처럼 해를 배웅하는 중이다. 그 실루엣이 지는 해를 역광으로 받아 또렷하다. 꼴깍 사라질 해를 저마다의 비장함으로 보내고 있다.

해는 끝내 바닷로 퐁당 빠져 버렸다. 해가 사라지자 의지하던 등불이 꺼져버린 막막함이 대지에 드리워지는 어둠처럼 덮친다. 사람들은 한동안 자리를 뜨지 못한다. 차마 보내기 싫지만 잡지 못하는 운명 같은 것이라며 체념하는 듯하다. 누군가가 헛헛한 목소리로 해에 작별을 고한다. “잘 가거라.”라고. 누구라도 같은 마음이었으리. 그래, 잘 가거라.

장렬한 하루를 살고 사라진 해는 마지막 구름 쇼를 벌인다. 크나큰 붓으로 휘갈긴 듯 소용돌이치듯 천연색 구름이 쉴 새 없이 화폭을 바꾼다. 아무런 무대장치도 대사도 없이 지나가는 관객만 바닷길을 따라 늘어섰다. 감동의 공연이 끝난 자리에 일부 관객이 돗자리를 펴고 조촐한 저녁상을 차린다. 지는 해를 기리는 제사상 같다. 소박한 도시락과 컵라면이 전부지만 더없이 거룩한 저녁 식탁이다. 이제 곧 완연한 어둠 속에 갇힐 사람들이 서로의 눈빛을 등대 삼아 만찬을 나눈다.

"맛있겠다."

지나가는 트럭 창으로 보길도 여자가 머리를 내밀고 소리친다. 늘 보아오던 이웃 사람처럼 젓가락을 들고 손을 흔들어 준다. 일몰이라는 장관을 늘 보아왔을 그들에게는, 우리가 본 해넘이가 그저 일상에 불과하겠지. 그러나 우리에겐 아주 특별한, 막이 내린 무대 위다. 바다도 하늘도 어둠의 장막 속으로 서서히 잠겨드는 하루의 대공연이 막을 내리는 현장이다. 그 무대 위로 보길도 사람이 지나간다.

가로등도 없는 바닷길은 이내 깜깜해진다. 우리는 거대한 어둠의 아귀에 갇혔다. 이제부터는 스스로 등대가 되어 길을 찾아 나서야 한다. 태양을 따라 저 혼자 무던히 돌고 있을 지구처럼.

> "낮이 끝나면 해는 어디로 가나요?"
> "낮은 끝나지 않아. 어딘가 다른 곳에서 시작하지. 이곳에서 밤이 시작되면, 다른 곳에서 해가 빛나기 시작한단다. 이 세상에 완전히 끝나는 건 없단다."
> "정말요?"
> "그럼, 다른 곳에서 시작하거나 다른 모습으로 시작한단다."
>
> - 샬롯 졸로토, 「바람이 멈출 때」 중

세상 모든 것이 시작과 끝인 것처럼 보일 뿐, 실은 계속 이어지고 다는 자연의 이치를 들려주는 책이다. 해도 지금 다른 곳으로 하루를

시작하러 갔을 것이다.

발길 멈춘 곳에 하룻밤 여장을 풀면 되는 일. 깜깜한 해안길을 달리며 몇 민박집을 기웃거리다 넓은 창이 시원해 뵈는 한 민박집 마당으로 들어섰다. 예순 너머의 인상 푸근한 주인 남자가 평상에 앉아 있다가 시간 모르고 들어온 객을 반긴다. 남도의 자연 볕에 오랫동안 그을렸을 순박한 얼굴에 보길도 햇살과 바람이 스친다. 마당 한쪽에서 말리는 발간 고추를 보니 고향인 듯 푸근하다.

부부는 서로가 벽에 걸린 그림처럼 편안해 보인다. 아들딸은 결혼과 직장 일로 도시로들 나가고 오순도순 살림 꾸리며 자식들 기다리는 낙으로 살겠지. 눈빛만 보고도 서로의 마음을 다 알아챌 그사이가 유순해 보인다.

민박집 마당 평상에 각지에서 모인 여행객이 둘러앉았다. 누가 모이라고 한 것도 아닌데 하나둘 모여들었다. 바닷바람이 들쑤셔 이른 잠자리에 들기는 글렀다. 주인 내외까지 나와 앉아 사정 봐주지 않고 달려드는, 파리만 한 보길도 모기를 쫓는다. 부부가, 가족이 또는 친구끼리 온 보길도의 한 민박집에 충청 · 전라 · 경상도 말이 마당에 피워놓은 모깃불 따라 피어오른다.

땅과 하늘이 맞닿은 보길도는 하늘이 광활하다. 건물에 가려 조각나지 않은 온전한 하늘이 멀리 수평선에 닿아 있다. 먼 듯 가까이서 들려오는 파도 소리가 바다가 지척에 있다고 신호를 보낸다. 이 그립던 정취를 눈앞에 두고서 잠이 올 리야. 자리를 털고 일어나 파도 소리를 따라나선다. 바람에 묻어오는 바다 냄새를 맡으며 어둑한 길을 얼마나 걸었을까. 치마폭 같은 해안이 희미한 모습을 드러낸다. 어둠 속에서 뽀얗게 부서지는 포말이 바다가 거기 있다고, 여기 있다고.

소금기 배어 돌아와 잠을 청해보지만, 마음은 온통 문밖을 향한 채 말똥하다. 보길도의 휘영청 밝은 달빛이 이 밤에 잠이 오냐고 창 두드리는 소리 요란하다. 뒤척이다 일어나 마당으로 나가니 정작 잠 못 들게 한 달은 없고 달인가 싶던 붉은 가로등만 시치밀 떼고 마당을 훤히 내려다본다.

휑뎅그렁한 마당을 서성이다 평상 끝에 걸터앉았다. 가로등이 옆에 그림자 하나 앉혀준다. 주위를 둘러봐도 겨울바람 소리 같은 파도 소리와 몸을 깜싸는 가로등 불빛뿐. 고적한 쓸쓸함이 그예 파도처럼 덮쳐와 보길도의 밤에 갇힌 내가 못내 아리다.

막막한 밤이다.

내설악에 울리는 범종 소리 - 백담사

옆에서 돌아누우며 이불깃 바스락대는 소리가 선잠을 건드린다. 나뭇잎이 날리는 소리가 들릴 듯 밤은 정적에 갇혔다.

처음 자보는 절 잠에 얼마를 뒤척였을까. 새벽 목탁 소리가 가물가물 잠 속을 파고든다. 절집의 하루를 여는 목탁 소리가 방문 앞을 지나가는 걸음을 온몸의 촉각으로 알아차린다.

누군가 새벽기도를 나가는 기척이 나더니 조용히 문을 열고 나간다. 그만한 정성이 없어 잠에 허우적대는데 세 시 반 무렵 범종이 울리기 시작한다. 저녁 예불을 알리는 종소리가 하루를 산 심신을 다독이는 소리라면, 새벽 종소리는 독경보다 청아하게 정신을 깨우는 소리다. 불자가 아니라도 마음을 정갈하게 하는 힘이 있다.

절에서 하는 아침 공양도 처음이다. 아침밥이라기보다는 새벽밥이다. 하룻밤을 묵은 등산객이 덜 깬 눈으로 공양간으로 모여든다. 대부분 봉정암 산행에 나설 사람들, 이들을 배려해 절에서 준비한 주먹밥까지 염치없이 챙겨 들고 각자 적멸보궁 봉정암을 향해 길을 나선다.

설악 계곡을 따라 산을 오른 지 네 시간여, 부처 진신사리를 모신 불뇌사리보탑이 있는 산 정상에 다다른다. 구름이 유람하는 하늘 아래 너럭바위에 두 다리 뻗고서 챙겨온 주먹밥을 먹는다. 첩첩산중에 있는 이 순간만큼은 더 부러울 것도 바라는 바도 없다.

이름조차 설경처럼 예쁜 설악산에 친구들과 먼길을 달려갔다. 산 입구 주차장에 도착하니 백담사까지 운행하는 셔틀버스도 운행이 끝났다. 어둑발 드는 설악산을 지척에 두고 눈앞이 캄캄했다. 궁하면 통한다던가. 깜깜한 산길을 한 시간 반이나 걸어서 갈 요량이던 스님 네 분을 구세주처럼 승용차에 모셨다. 그리하여 매표소 직원에게 사정을 말한 끝에 백담사 가는 길로 어렵사리 들어설 수 있었다. 막막하던 차에 스님들 덕을 본 셈이고, 스님들도 힘든 길을 수월히 간 셈이 되었다.

헤드라이트 불빛에 의지해 아슬아슬한 외길 골짜기를 달린 차가 백담사 인근에 도착하고서야 안도의 숨을 내쉬었다. 와중에도 스님들은 저녁 공양부터 해야 한다며 벌써 저만치 가고 있다. 우리더러 빨리 오라고 손짓한다. 부랴부랴 스님들을 뒤따라가 이미 끝난 저녁 공양을 했으니 다 스님 덕이었다. 차비치고는 꽤 괜찮았다.

공양을 마치고 백담사 마당에 서니 고요한 중에 계곡 물소리만 세차다. 산속 찹찹한 공기가 설악골에 있음을 실감케 할 때, 어디선가 나지막이 북소리가 울린다. 소리의 리듬이 점차 빨라진다. 고도로 정제되고 절제된 소리를 찾아 홀리듯 다가가니 진원지는 종각이다. 어둑하던 밤눈이 밝아지자 종각 주변으로 둘러선 사람들이 거뭇거뭇 보인다. 뿌연 달빛 아래에서 두 손을 모으고 장승처럼 서 있다. 그들 뒤에 초대받지 않은 손님처럼 손 모으고 어설프게 섰다.

강렬한 북소리가 한바탕 지난 후 잔잔해지는가 싶더니 이윽고 소리가 멎는다. 밀려왔다 쓸려나가기를 반복하던 법고 소리를 이어 범종이 울리기 시작한다. 징, 징… 설악골을 따라 소리의 여음이 사라

질 즈음이면 또다시 쿵, 하고 가슴 밑바닥을 친다. 머리끝부터 발끝까지 미세한 경련이 인다. 가장 낮은 자세로 손 모으고, 어둠에 덮인 절도 만물도 소리에 귀 기울이던 때. 조용히 그곳을 떠올릴 때면 들리는 범종 소리다.

봉정암에서 계곡 길을 따라 백담사로 내려오다 오세암 이정표 앞에서 잠시 멈췄다. 만해 선생이 밤 좌선 중에 물건이 떨어지는 소리를 듣고 마음의 문을 열어 의심하던 마음이 씻은 듯이 풀렸다는, 오도송悟道頌을 남긴 오세암. "밤은 얼마나 되었는지 모르겠습니다. 설악산의 무거운 그림자는 엷어갑니다. 새벽종을 기다리면서 붓을 던집니다."라는, 「님의 침묵」을 탈고하면서 남겼다는 말이 가슴에 서늘하게 흐른다. 인연 있는 중생이 아니면 발길 닿지 못한다는 오세암 이정표를 그냥 지나온다. '님의 침묵 길'을 내려 올 때 전날 밤에 들은 범종 소리가 이명처럼 울린다.

여행이란 아마도 일상적 생활 속에서 졸고 있는 감정을
일깨우는 데 필요한 활력소일 것이다.

— 장 그르니에 『섬』에서

봄

공양간에 걸린 액자 -
정방사

제천 능강리 금수산 신선봉 7부 능선
암벽에 살포시 걸터앉은 천년사찰 정방사
새소리 반기는 절집에서
고추깻잎장아찌, 애호박나물, 김치, 미역국으로
세상 소박한 점심을 먹고
첩첩 둘러싼 산봉우리가 청풍호를 품은
푸른 산수화 걸린 화폭 앞에 서면
무상무념 녹음 속으로 절로 안기어 든다.

바위와 어우러진 풍경이 구례 사성암을 연상케 하는 정방사. 신록이 한창 짙어갈 때 청풍호를 둘러싼 운해 드리운 산봉우리는 동양화 화폭인 듯 고요했다. 정방사에서 내려다보는 눈 덮인 겨울 운치는 어떨까. 궁금함이 쌓이면 여행을 갈 때가 됐다는 뜻. 이렇게 여행은 꼬리를 문다.

비가 와도 좋았어 - 교토

담아온 사진에서보다 여행은 훨씬 구체적이고 생동감 있다. 사진은 그 주변과 특정 시간 속에서 멈춰 있지만, 실제 그곳에 머무는 시간은 늘 움직이는 진행형이다. 그러함에도 여행한 시간은 사진 속에서 오랫동안 당시의 현장성을 유지한다.

시절인연이라는 말이 있다. 나라 밖 먼 지역으로 정했던 여행을 접고 가까운 일본으로 결정하며, 모든 인연에는 오가는 시기가 있고 때가 있음을 실감했다. 또한 세상 이치가 사람 손에만 달려있지 않단 것도.

동갑내기 친구와 특별한 여행을 꿈꾸었더랬다. 연초 밴쿠버행 왕복 비행기표를 예매했는데 부득불 취소할 일이 생겼다. 다시 서유럽 여행 계약금을 보냈다. 한데 여행하기로 한 친구의 건강검진 결과에서 위암이 발견되고 수술 날짜가 잡혔다. 수술 예정일이 한 달여 남아있으니 중국이라도 며칠 다녀올까 하던 차, 오사카 벚꽃 여행 쪽으로 마음이 단박 기울었다. 이조차 수술 날짜가 앞당겨지면서 여행 일자와 맞물렸다. 결국 열흘 일정으로 계획했던 여행은 이박 삼일 혼자 가는 여정으로 결론이 났다.

이리해서 홀로 간 교토의 여운이 깊다. 황궁이 있던 천년 수도였고, 스필버그 감독이 영화 「게이샤의 추억」을 찍은 아라시야마 대나무 숲도 있다. 여행에서 돌아와 이 영화를 보며 여행한 흔적을 더듬었다. 나무 난간이 있는 도월교 주변 벚꽃이 하늘대는 봄 풍경은 평화로웠다. 민박 같은 곳에서 한 이틀 자고, 그 마을 사람처럼 동네를

明保野亭

소요하고 작은 가게를 기웃대며 강변을 소요했으면 했다. 뽀얀 달빛 아래서 도월교 아래로 가츠라강을 건너는 달을 보고도 싶었다. 이런 생각은 여행에서 돌아와 곱씹을수록 새삼 그립고 그러고 싶어진다.

교토는 우리 시골의 이끼 낀 돌담길 정서만큼은 아니어도 그곳만이 지닌 정서가 있다. 세계문화유산인 청수사로 가는 길에서 민낀 휘영청 늘어진 수양벚꽃을 본 것만으로 만족스럽다. 좁은 계단으로 내려가는 골목에 이층 주택 지붕보다 높이 뻗은 벚나무에서 가지가 수양버들처럼 골목으로 늘어졌다. 그 가지마다 분홍빛 꽃이 조롱조롱 달렸는데 먹색 전통가옥과 어울린 색의 대비와 구도가 멋스러움의 극치를 이룬다. 이 풍경을 보려는 외국인과 본국인이 어깨가 스칠 정도로 몰려든다.

짧은 여행이 끝나는 날, 오사카 간사이공항 6번 게이트 앞쪽에서 책을 꺼내 들었다. 탁재형 피디가 쓴『비가 오지 않으면 좋겠어』를 챙겨왔다. 사실 여행하는 동안에는 책을 펼칠 짬이 없다. 그래도 여행할 때 읽은 책은 여행한 시간과 장소 속에 함께 남는다는 건 확실하다. 비가 올까 걱정한 건 아니지만, 아라시야마 대나무 숲길을 돌아나오는 길에 봄비가 후드득 뿌렸다. 비를 맞으며 뛰는 모습이 처량해 보였던가. 부부 일행 팀이 말차라떼를 사 준 것도 비가 온 덕분이었다. 비를 잠시 피해 앉은 사이에 서먹하던 사이도 풀렸으니 그도 비 덕분이었다. 비가 와서 좋았다.

공항 창밖으로 부산행 에어부산이 승객 맞을 채비로 분주하다. 여행하느라 흥분되었던 마음도 차분해지는 시간, 챙겨 간 여행 노트에 2019년 4월 2일 12시 39분이라고 쓴다.

김해공항을 나와 경전철로 구포대교를 건널 때, 저만치 낙동강 변에 하얀 꽃 터널이 길게 꼬리를 문 게 보인다. 보러 간 그곳 꽃은 아직 덜 피어 실망을 안겼지만 사람 사이에 꽃을 피웠으니 그도 값진 꽃이기는 하다. 울산으로 진주로 뿔뿔이 떠난 이들로부터 가는 길이 온통 벚꽃 천지라는 작별 인사가 날아든다.

인연을 이어준다는 아라시야마 노노미야신사의 효험이 있는 건가. 여행지에서 입력한 이름이 간간이 전화기 화면에 뜬다. 여행에서 돌아오니 사람이 남았다.

성곽마을 중세의 문 -
로텐부르크

동화책 속인가 싶다. 반 아치모양 관문으로 들어온 로텐부르크 성곽 마을은 보는 것만으로 심기가 말랑말랑해진다. 화가가 색칠한 듯 색색의 밝은 건물과 뾰족지붕 예쁜 건물들 어디부터 볼까 하고 맘이 동동댄다.

집마다 달린 작은 창문과 창틀에 놓인 화분도 눈길을 끌지만, 그보다는 중세의 사람들이 드나들었을 법한 크고 작은 문에 매료되었다. 문 안에서 옛사람이 불쑥 나올 것 같다. 아기자기한 기념품 가게나 옷가게, 소품 가게와 주택이 길에 이어지는 골목을 다 돌아보려면 반나절은 머물러야 한다. 느긋하게 돌아보지 못하는 여행은 아쉬울 수밖에 없다. 사고 싶었던 물건이 눈에 아른거리고, 먹고 싶었던 음식이 눈에 밟힌다. 그래서 여행할 땐 사고 싶으면 사고, 먹고 싶으면 먹을 것이며…, 이런 결론을 내리지만 여행은 매번 아쉬움을 남긴다. 그런 아쉬움을 해소하러 또 떠나는 게 아닐까.

중세의 보석으로 불리는 이 조그만 마을은 그 외양만큼이나 동화 같은 역사를 갖고 있다. 17세기 종교전쟁 때 신교를 지지했던 로텐부르크는 구교의 군대에 점령당했다. 구교 측 장군은 마을을 파괴하란 명령을 받았지만, 주민들이 가져온 와인을 마시다 마음이 바뀌어 "만약 마을 대표가 3.5리터 와인을 단숨에 마시면 물러나겠다."라고 제안했다. 이에 시장이 나서서 와인을 단번에 마셨고 그 덕분에 마을을 구했다는 내용이다. 전설 같은 역사도 이 마을에서는 충분히 개연

HOTEL

Gasthof zum Spitaltor

Restaurant & Café
RESTAURANT
CAFEBAR & CON

성이 있게 들린다.

중세시절에는 상업의 중심지로 합스부르크 왕가 시대에는 왕국 중 가장 큰 도시였다. 30년간의 종교전쟁을 겪으며 수난을 겪었지만, 현재 세계 여행객이 가장 가고 싶어 하는 도시로 자리매김했다. 혼자 여행하거나 맘 맞는 사람과 함께해도 좋은 여행지로 기꺼이 추천하고 싶은 곳이다.

옛 건물들은 레스토랑, 호텔, 카페, 기념품 가게로 변신해 관광객을 맞는다. 카페나 레스토랑 앞 노천 테이블에서 차를 마셔도 좋다. 여자 여행자들 감성을 훔친 건 상점마다 장식한 꽃장식과 세련된 간판이다. 간판인지 장식품인지 구분이 안 될 정도로 문양의 예술 감각이 뛰어나다. 언제 다시 오며 여행에서 남는 건 사진뿐이라는 생각은 의식에 굳어서 찍고 또 찍는다.

오래된 성당 벽과 성벽, 오르막 광장, 야외 테라스가 있는 카페와 선물용 가게까지…. 걸음을 멈추고 찍은 사진 속에는 온통 문이다. 크기가 다르고 모양도 각기 다른 문 앞에서 문의 역할을 생각하며, 옛사람과 대화를 나누었더랬다. 이 문들은 내가 홀린 마음의 문이기도 하고, 역사가 스친 문이기도 했으며, 현재 살아가는 사람들의 문이기도 할 것이었다.

가끔, 찍어온 사진 폴더를 열고 문 앞에 선 나를 떠올린다. 이제 두 번 다시 가지 못할지도 모르는 그곳….

블레드섬 막달라 마리아 - 블레드

중세의 거리에서 답답하다. 유럽문화와 역사를 흡수하랴 잠시도 딴청부릴 새가 없다. 기본 역사가 500년은 족히 되는 동유럽 도시에 스며들지 못해 답답하다. 마음이 실리지 않으면 보아도 보이는 게 없다는 말이 자꾸만 뇌리를 맴돈다.

유럽풍 도시 외관에만 열광할 게 아니었다. 늘 여행에서 돌아온 후에야 갔던 곳들에 겉모습만 훑고 왔다는 후회가 생긴다. 보헤미아 왕국의 천년 역사를 상징하는 프라하성이나 유럽 중세건축의 걸작이라는 카를교에서도, 세계문화유산의 도시 체스키크룸로프나, 오스트리아 빈의 성 슈테판사원에서도 카메라 셔터만 눌러댔다. 언젠가는, 짐스럽고 방해되는 카메라도 휴대전화도 다 내려두고 제발 홀가분하게 여행하고 싶단 생각만 줄곧 하면서.

한편 안락하기도 하다. 각진 회색 빌딩에 질린 눈이, 빨간 지붕의 아기자기한 건축물에 푸근해진다. 전기도 문명도 없었을 중세의 도시는 과연 어떤 모습이었을까. 원색 간판과 조명을 지워 본 중세의 거리는 상상 속에서 고색이 완연하다. 해묵어 창연한 건물과 거리에 교감하려고 걸음도 부러 느리게 걷는다.

블레드는 눈 덮인 알프스가 둘러싸고, 넓은 호수를 낀 슬로베니아의 평화로운 호수 마을이다. 오스트리아, 헝가리 귀족들이 별장을 짓고 머물렀다는 오랜 전통의 휴양 도시다. 율리안 알프스 빙하가 만든 블레드호수에 자리 잡은 블레드섬은 그곳 풍경에 방점을 찍는다. 이 조그만 섬에 성모승천성당이 있다. 신을 얼마나 정갈하게 모시려고 호수 가운데에 성당을 지었을까. 성당은 슬라브신화 속 지바여신의 신전을 모셨던 자리에 지었다. 세속을 벗어나 고고하게 천년을 버텨왔을 성당에 있으니 퍼석한 감정이 눅눅해진다.

알프스의 숨은 보석이라는 블레드의 존재를 여행하며 알았다. 달력에나 나옴 직한 사계 풍경도 풍경이지만 이곳에 깃든 역사 또한 찬연하다. 성전 입구 양쪽 벽에 붙은 부식된 대리석 성수통, 실금이 가고 닳은 티가 역력한 제대 주변 바로크양식의 집기들…. 그 앞에서는 지상에서 고작 백 년도 머물지 못할 인간으로 너무나 작은 존재임을 느낀다. 성당의 영원한 시간 속에 담기기를 염원한다.

세 번 울리면 소원이 이루어진다는 기원의 종 줄을 잡았다. 천장에서 늘어뜨린 줄을 잡아당기자 천상에서부터 울리듯 저 높은 곳에서

뎅그렁뎅그렁 종이 울린다. 한 번, 두 번, 세 번…. 종 앞으로 사람들이 금방 길게 줄을 서고 성령이 종소리를 타고 햇살처럼 퍼진다.

이른 봄의 햇볕은 따사롭고 바람은 선들하다. 아직 새싹이 돋지 않은 키 큰 나무엔 뭉텅뭉텅 겨우살이가 달렸다. 성당 마당에서 바다를 보며 커피를 마시다 성당 첨탑과 첨탑이 드리운 그늘 속 잔디밭에서 못 봤던 조각상 하나를 발견했다. 예사롭지 않다. 튕기듯 일어나 가까이 가보니 부식되고 칠이 벗겨진 여자 석상이다. 곱실한 긴 머리에 치렁한 치마가 발목을 덮었다. 왼손에 향유 병을 든, 여인이라기보다 소녀상에 가깝다. 얼굴을 덮은 푸르뎅뎅한 이끼와 회색 더께가 앉은 몸, 부서질 듯 삭은 치맛단….

이보다 적나라하게 그녀가 겪었을 풍상을 드러낼 수는 없을 것 같다. 그동안 체한 듯 답답하던 감성이 울렁울렁 밑바닥을 들썩인다. 석상을 두 팔로 안고 한 바퀴 빙 돌았다. 부식한 돌 치맛단을 잡고 그녀를 아련히 올려다보니, 비바람에 만신창이가 되어서도 살포시 미소 짓고 있다. 성당 첨탑 아래에서 이보다 행복할 수 없다는 표정이다. 대체 석상은 언제부터 서 있었단 말인가.

The Baroque statue of M. Magdalene.

석상 아래 받침석에 적힌 글이다. 이 여인을 누구도 눈여겨보지 않는다. 예수의 죽음과 부활을 지켜본 증인 막달라 마리아. 주민이 거의 가톨릭교도라는 이곳에서 미사에 참례하면 사원 신심의 불씨가

살아날는지. 세례명만 가진 신앙인이라는 양심 가책으로 호수로 향하는 99계단을 내려올 때 막달라성녀가 오래오래 배웅한다. 한동안 바라보다 등을 돌린다. 나룻배 플레트나가 섬에서 멀어지자 블레드섬도 멀어지고, 써야 하는 과제를 할 수 있겠다는 결의 같은 것도 꿈틀댔다.

성당 작은 기념품가게에서 산 1단짜리 빨간색 묵주와 블레드성 자석을 보고 있다. 여행지에서 사 온 자석을 붙이려고 자석보드를 샀다. 여기에 여행한 흔적을 모았는데 아직 두어 뼘 공간이 남았다. 이곳엔 어떤 여행지로 채울까, 행복한 고심하며 그곳에서 사 온 겨우살이차를 마신다.

여행한 후 드라마 「흑기사」에 아름다운 블레드성이 등장했을 때 가슴이 쿵쾅댔다. 가 보지 않았더라면 보고 싶은 마음 간절했을 것이나, 보고 왔다고 그리움이 깊어졌다.

에페소
사도 요한 무덤 앞에 서니-1

터키 유적을 딱 한 곳만 보라면 본다는 이곳. 로마 문명의 꽃이라는 에페소. 신약성서에도 등장하는 고대 도시 에페소는 무역이 발달해 로마시대 때는 인구가 25만 명에 달했다고 한다. 대 관중을 수용할 수 있는 원형 대극장이 남아있고, 사도 바오로가 선교하다가 수난을 받은 곳, 전면부 뼈대만 남았어도 위용이 당당한 2세기 유적 셀수스도서관, 로마 황제였던 하드리아누스에게 바친 하드리아누스 신전의 문 등 유적이 널린 에페소.

지중해 동부에서 그리스보다 더 그리스적이고 로마시대 유적이 가장 잘 보존된, 꼭 가봐야 할 여행지로 꼽는 터키 에페소에 왔다. 큰 의미를 두어 가고 싶다고 염원해서 온 건 아니었다. 두 아이를 돌보며 시간이 자유롭지 못한 생활을 하다 보니 심신이 홀가분해지고 싶은 마음이 컸다. 이런 마음은 사도 요한의 무덤 앞에 서자 뭔가 잘못했다는 혼란으로 바뀌었다. 아무런 밑 지식 없이 관광객으로 왔다는 후회가 밀려들었다. 어떤 정보가 없이 왔기에 울림이 컸는가도 모르겠다.

박해를 피해 예루살렘에서 온 사도 요한과 성모마리아가 살았고, 사도 요한이 복음서를 기술하고 생을 마감한 장소가 주는 감동이 컸다. 세례명만 가진 종교인이라 자칭했는데 삼십몇 해 전에 받은 세례명이 결코 가볍게 걸친 외투 같은 건 아니었던가 보다. 그보다 훨씬 큰 무게감으로 납추처럼 내재해 있었다.

어떤 이에게는 단지 낯선 풍경이, 기독 신앙을 가진 이에게는 성지로 감화받을 곳이었다. 수천 년 시간을 고스란히 품었을 역사의 파

ST. JEAN IN MEZARI
THE TOMB OF
ST. JOHN

편 속에서 먼 옛날 사람들의 웅성거림을 듣는다. 로마 시대 찬란했던 역사 유적은 발굴이 진행 중인데도 그 광대한 규모에 가슴 뛸 만큼이다. 초대교회의 흔적 앞에서 가뭇없는 시간 속으로 타임머신을 타고 온 기분에 젖는다.

대리석 도로의 실존은 놀랍기만 하다. 에페소가 대리석 생산지였다고 하지만, 경제가 얼마나 번성했으면 도로에 대리석을 깔 정도였을까. 돌기둥과 깨진 바위 무더기로, 십자가 새겨진 석관으로, 신전문으로, 신전을 장식했던 장식물로 역사를 증명하는 유적이 우리가 사는 현재를 돌아보게 한다. 현재의 어떤 것들이 역사가 되고, 수천 년 후까지 유적으로 남을지를.

거대한 폐허는 결코 무너진 게 아니었다. 폐허지만 폐허로 존재하는 게 아니었다. 무너져서 오히려 사람을 부르고, 사람을 일으켜 세우는 힘을 가졌다. 간절히 다시 그 쓸쓸한 폐허에서, 무너지고 닳고 쓰러져 깎인 돌과 대면하고 싶다. 어느 곳을 여행한 후면 그곳을 향한 마음이 한층 깊어진다. 그대로 고대 역사박물관인 에페소는 더욱 그렇다. 보고 싶어 속앓이하는 대상처럼.

벚꽃길 구둣발 소리 -
도쿄

벚꽃이 만개했다는 소식이 월담한 듯 훌쩍 날아든다. 모노레일이 하늘을 달리던 그 사월의 향기가 생생하다. 편의점엔 출근길 남자들이 아침 요깃거리를 사 들고 줄을 서 있었다. 편의점 식품으로 아침을 때우는 사뭇 생소한 광경이었다. 그 앞, 벚꽃 만발한 사거리 건널목엔 정장 차림 남자들이 순식간에 밀려들었다가 썰물처럼 빠지곤 했다.

아침 여덟 시, 도쿄 지하철역은 꾸역꾸역 사람을 토해냈다. 공장이 쏟아낸 완제품 같은 무표정들이 물결처럼 스쳐 지나갔다. 그 속에서 나는 벚꽃과 황홀한 상봉 중이었다. 진군하듯 밀려드는 어마한 기세에 놀라 행렬이 진행하는 방향을 빗겨 옆길로 나와 섰다. 동그랗게 눈 뜬 내 앞으로 출근길 구둣발이 일사불란하게 지나갔다.

무수한 발이 내딛는 소리가 마치 거대한 물줄기처럼 흘렀다. 벚꽃 터널 안에서 각기 다른 중량이 내는 둔탁하고도 고른 리듬으로 흐르는 소리였다. 그 비장한 소리에 홀려 몽롱한데 눈은 보도블록을 걷는 그들 발에 닿아 있었다. 어느 순간 구두 소리가 빗소리로 들리기 시작했다. 좍좍 내리는 장대비 같은 울림, 그 발소리의 울림은 가슴에서 쿵쿵대며 비장한 파장을 일으켰다. 흡사 달려오는 말발굽 소리처럼. 생을 향해 진군하는 절절한 소리로도 들렸다. 하늘하늘 핀 꽃이 피우는 향기로운 격려가 출근길 그들 어깨에 묻어갔다.

글로벌 기업 '도시바' 앞 출근 풍경이다. 작은 톱니바퀴가 빈틈없

2.8m

이 맞물려 돌아가는 출근 의식이 경건하기까지 했다. 그들 눈에 흐드러진 벚꽃이 보이기나 할까. 꽃이 피건, 지건, 오로지 본연의 업무에 충실히 하려는 무정물 같은 표정과 나풀거리는 꽃은 이질적이었다. 그 엄청난 에너지 흐름 속에서 셔터를 눌러대던 카메라를 슬며시 내려놓았다. 서울에서 출근하고 있을 자식 생각이 나서다. 치열한 생존 현장 일선인 서울의 삶이 얼마나 벅찰까 하고.

태양을 가린 높은 빌딩으로 출근 물결이 쓸려 들어갔다. 건물은 사람을 삼키는 거대한 물체였다. 건물 안으로 사라지는 사람을 구경하느라 아침밥도 거르고 있었다. 벚꽃이 수놓은 하늘엔 모노레일이 이따금 은하철도처럼 지나갔다.

벚꽃 향기 채운 머릿속으로 도쿄의 구둣발 소리가 쿵쿵 다가온다. 만개한 꽃나무 앞에서 염원한다. 아이 앞날에 봄날 같은 삶이 활짝 열리기를. 간절함으로 오래전 손에서 놓았던 묵주를 찾아든다.

꽃 피는 포구 - 화포

순천시 별량면 학산리 화포花浦.

이 작은 포구에 조수처럼 마음도 무시로 드나든다. 그곳에 살던 친구는 멀리 바다를 건너갔지만, 화포에는 여전히 그가 살고 있다. 화포와 섬진강을 품었던 가슴에 바다를 품고 산다고 했다.

펄배가 쉬는 아득한 개펄이 눈에 삼삼해지면 그곳으로 내달리곤 했다. 어느 여름 그곳엔 비가 추적추적 내렸다. 해맞이의 꿈도 접고 노을 잠긴 개펄을 보겠다던 기대도 스러졌다. 그러나 어디 꼭 해가 있어야만 풍경이랴. 비가 내리면 빗방울 구멍 송송 패는 잿빛 개펄 운치도 그만인 것을.

어느 겨울엔가 그곳에 갔을 때 어둑한 새벽 바다엔 정적만 고여 있었다. 새파랗게 세상 윤곽이 드러날 때쯤, 가마득히 펼쳐진 미끌미끌한 회색 들판을 보았다. 바다에 바다가 없었다. 그때, 떠오르는 사람 모두를 생각하며 화살기도 하는 간절함으로 해돋이를 지켰다. 초겨울 냉기도 아침 햇살에 스르르 풀리고, 개흙이 말라붙은 널도 바다 어귀에서 기지개켜며 깨어났다. 바닷물이 괸 웅덩이마다 빨갛게 해가 고여 눈을 찔렀다. 날마다 떠오르는 붉은 해를 평생 보고 살았을 화포 사람들 가슴엔 불순물이 들어앉을 새가 없을 것 같았다. 벌겋게 물감이 번져가는 개펄 앞에서는 말문도 막혔다.

"순천만의 노을이 하늘만 다 채운다고 생각하면 그 또한 단견이다. 노을은 땅 위에도 진다. 땅, 정확히 표현하자면 개펄이다. 개펄 위에 노을이 살아 뜨는 것이다."라는 곽재구의 『포구기행』 속 구

절이 딱 맞아떨어지는 광경이다.

그 여름, 해안에 몸을 뉘고 일 나가기를 기다리는 널과 펄배가 여름비에 후줄근히 젖고 있었다. 바다로 길게 이어진 화포선창에서 통발을 손보던 화포마을 한 부부를 만났다. 그들은 말없이 일하는 중에도 맞춘 듯 손발이 짝짝 들어맞는다. 작업 광경을 한참 구경하다 말문을 텄다. 작업을 방해할까 봐 신경이 쓰이는데 개의치 않고 맞받아준다. 순천에서 살다 장모를 모시려고 화포로 들어왔다는 남편은 깊은 마음씨처럼 바다 뻘에 그은 모습이 선해 보인다. 칠게, 맛, 꼬막이 수입원이란다. 보너스처럼 통발 속에 눈먼 낙지며 주꾸미, 짱뚱어도 들어온다고. 월수입이 평균 잡아 200만 원 선이라니 도시생활이 부럽지 않겠다. 이들에게 바다는 퇴직 없는 든든한 평생직장일 터였다.

이야기 도중에 바다에서 생명체가 파닥거렸다. 뭔지 알겠다는 눈치로 그 남편이 주저 없이 배로 내려서더니 그물도 아닌 갈고리로 아가미를 낚아채 올린다. 팔뚝만 한 숭어다. 날쌘 손짓에 탄성을 내는데 숭어를 가져가라고 건넨다. 어떻게 들고 갈 건지 고민할 새도 없이 좋아라고 덜렁 받았다. 다음에 또 오마고 기약 없는 인사를 건네며 기분 좋은 발길을 돌렸다.

화포만 썰물 때엔 몇 킬로 밖까지 바다가 밀려난다. 바다가 들녘으로 변하는 이때 바닷물이 너무 말라도 널이 밀리지 않는다고. 개펄이 어느 정도 물기를 머금어야 널이 미끄럽게 밀리고 채취 작업이 수월

하다는 말이다. 마을에서 만난 한 노인은, 평생 캔 꼬막이 못 되어도 웬만한 창고 하나는 채울 거라고, 조개 캐서 자식 공부시키고 시집보내고 장가보냈다고 덤덤하게 말한다. 바다가 내준 밭을 터전 삼아 살아온 세월이 그 말 속에 다 들어 있다.

노인 시선이 멀리 밀려난 바다에 닿아 있다. 조상 전답 바라보듯 회상에 잠긴 표정이다. 바닷바람에 그을고 굵은 주름이 골골이 진 그 얼굴이 꼭 개펄 같다. 논밭 일궈 살아가는 내륙의 내 고향 농사일과 어금버금한가. 논농사만 뼈 빠지게 일하는 줄 알았더니 바다의 삶도 결코 녹록하지 않았다.

학산리 해안은 한적하다. 해안 길을 발밤발밤 걷다 보면 그 한적함에 속속들이 편안해진다. 물 빠진 광활한 해안 언저리에 서서, 바다 건너 와온마을 어디쯤을 바라보아도 좋다. 겁 없는 칠게가 신작로를 가로지르는 해안길이 끝나는 데까지 걷고 싶어진다.

화포는 그 이름도 붉다. 오래전에 걸었던 발자국을 더듬는데 갈매기만 먼 데 소식을 전하는지 머리 위를 맴돈다. 태평양 연안 어디쯤에도 화포를 바라보는 한 사람이 있을까. 화포에 서니 사람도 그립다.

임청각에서 하룻밤 - 안동

조선 시대 건축물이며 보물 제182호인 임청각에서 하룻밤을 묵었다. 안동호와 월영교를 지척에 두고, 유서 깊은 99칸이었던 종택의 문간방에서 잔 건 정신이 정갈해지는 경험이었다.

임청각은 상해임시정부 초대 국무령을 지낸 독립 운동가의 집이다. 안동 출신인 이상룡 선생은 나라를 다시 찾겠다는 일념으로 가족을 데리고 만주로 망명해 전 재산을 독립운동에 바쳤다. 많은 독립군을 배출하고 의열단과 광복군을 배출하는 등 무장 독립운동의 주축이 되었다. 임청각은 선생의 아들, 손자까지, 독립운동가가 9명이나 나온 독립운동 산실이기도 하다.

그 임청각이 일제가 놓은 철길로 반토막이 났다. 일제 강점기에 '불령선인(일제가 불온하고 불량한 조선 사람을 일컫던 말)'이 다수 출생한 집이라 하여 중앙선 철로 부설 때 50여 칸의 행랑채와 부속 건물이 철거당했다. 이 철길엔 밤새 화물차가 시끄럽게 지나가 깊은 잠에 들 수가 없다. 이곳을 문재인 대통령이 광복절 경축사에서 "대한민국 노블레스 오블리주를 상징하는 공간"이라고 규정하면서 대중에 재인식된 바 있다. 그와 함께 석주 선생의 종손 이보형의 친손자인 연기자 이서진이 언급되기도 했다.

안동이야 자주 가는 선비의 고장이다. 하지만 임청각 숙박은 게스트하우스나 민박에서 하는 숙박과는 맘부터 다르다. 하룻밤 묵을 방의 문살문을 열자 옛날 신혼 방이 이랬을까 싶다. 수놓은 가리개와

베개, 공단 이불, 하얀 이불 홑청, 태극 모양 장식, 족두리, 쇠고리 달린 쪽문까지…. 이상룡 선생의 나라를 생각하는 곧은 정기를 대하는 듯 깔끔하다. 온돌방이라 방 공기는 차갑지만, 선인의 맑은 기를 접하는 기분이 경건하다.

불편함이 있다면 화장실이 외부에 있다는 점인데 집 보존을 위한 이런 불편함 정도는 충분히 감내할 성질이다. 다음날 아침상으로 받은 일인 밥상은 담근 장아찌와 찬이 조촐하면서도 정성이 가득해 음미하며 다 먹었다.

임청각 대문 밖에 나서면 흔치 않은 탑 하나가 우뚝 솟아 있는 걸 볼 수 있다. 국보로 국내에서 가장 크고 오래된 전탑이다. 철도가 임청각을 가로질러 놓였는데 전탑은 철길 아래에 위치했다. 그 철길 너머로 현시대에 생긴 안동호 물결이 넘실넘실 흐른다.

월영교엔 새벽안개가 피어오르는 몽환의 풍경을 찍으려고 사진 애호가가 몰려든다. 사진 동호인들과 출사 나왔을 때 끓어오르던 물안개의 신비함은 장관이었다. 안동호에 수몰된 많은 고향의 속울음이 아닌가도 싶었다. 지난 시간 속에 갇힌 듯 자욱이 물안개가 드리운 안동호, 그 안동호를 가로지른 월영교가 놓인 이른 아침 정경은, 임청각에서 숙박한 덕에 만나는 운수 좋은 날 같은 풍경이다.

임청각에서 잤다면 아침 공기가 다 깨어나기 전에 호반나들이길을 걸어보자. 서늘한 바람에 가슴도 눈도 서늘해질 테니.

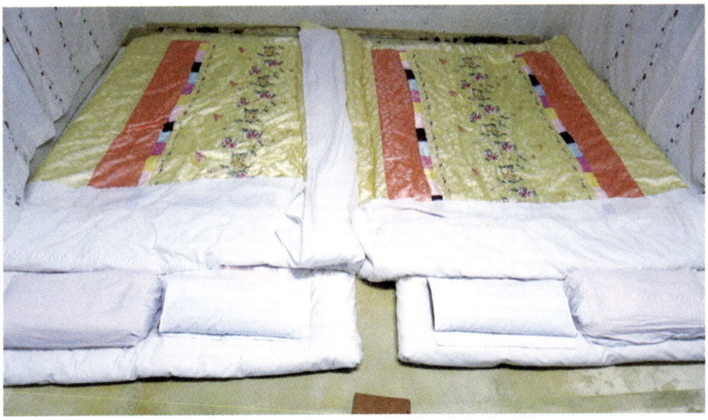

ХАБАРО

김나현 여행 산문집

비가 와도 좋았어

인쇄 2020년 7월 15일
발행 2020년 7월 22일

지은이 김나현
발행인 서정환
펴낸곳 수필과비평사
주소 서울시 종로구 삼일대로 32길 36(익선동 30-6 운현신화타워 빌딩) 305호
전화 (02) 3675-3885 (063) 275-4000 · 0484
팩스 (063) 274-3131
이메일 shina2347@naver.com essay321@hanmail.net
출판등록 제300-2013-133호
인쇄 · 제본 신아출판사

ISBN 979-11-5933-274-6 (03810)

값 18,000원

이 도서의 국립중앙도서관 출판예정도서목록(CIP)은 서지정보유통지원시스템 홈페이지(http://seoji.nl.go.kr)와 국가자료종합목록 구축시스템(http://kolis-net.nl.go.kr)에서 이용하실 수 있습니다. (CIP제어번호 : CIP2020028416)

Printed in KOREA

* 이 책은 2020년 부산광역시, 부산문화재단 지역문화예술특성화 지원사업으로 지원을 받았습니다.